Amrûn

Susanne Knauss

Der Spinnenmann und 13 weitere erstaunliche Geschichten

Über das Buch

Manche Menschen nehmen sich heute
kaum noch Zeit, ein Buch zu lesen.
Noch dazu, wenn die Geschichte eine
lange ist.
Sie sitzen lieber vor dem Fernseher oder
spielen am Computer.
Aber wenn die Geschichten wie in
diesem Buch kurz sind, erstaunlich
verblüffend, oft unglaublich, manchmal
aber tatsächlich wahr, dann macht das
Lesen doppelt Spaß.
Nur Personen und Ortsnamen wurden
bei manchen Ereignissen vereinfacht.
Wahr oder erfunden?
Finde es heraus.
Viel Spaß!

INHALT

Ein Loch in der Zeit?

19. September 1961, 23.04 Uhr

In dieser Nacht beginnt für die beiden ganz normalen Menschen Barney und Betty Hill ein mehr als rätselhaftes Abenteuer. Es ist eine Geschichte, die um die ganze Welt gehen wird.

Die Nacht auf dem Highway 3 an der Grenze zu Kanada ist tiefschwarz, nur die Sterne funkeln am Himmel. Um diese Zeit ist es einsam auf der Straße. Barney Hill fährt langsam. Auf dem Rücksitz des Wagens schläft der kleine Hund der Hills.

»Barney?«, sagt Betty plötzlich. Sie klingt irgendwie verstört. »Was ist denn das für ein Licht?«

»Was für ein Licht, Betty?«

»Das dort!«

Direkt vor ihnen, aber doch weit entfernt, bewegt sich ein ungewöhnlich helles Licht am Himmel.

»Keine Ahnung«, sagt Barney. »Ein Stern ist es nicht. Nicht mal Jupiter leuchtet so stark. Sterne und Planeten fliegen auch nicht.«

»Ja ... Was ist es dann?«

»Ein Flugzeug, was sonst?«

»Sicher nicht, Barney. Flugzeuge fliegen geradeaus. Schau doch! Dieses Licht ändert ständig seine Richtung.«

Barney bremst, parkt den Wagen am Straßenrand und holt sein Fernglas aus dem Kofferraum.

Betty steigt auch aus und starrt in den Himmel. »Es fliegt einen Zickzack-Kurs und kommt näher, Barney. Schau, wie es ungewöhnlich hell glänzt.«

»Nein. Ein Flugzeug kann das nicht sein«, murmelt Barney. »Komisch, man hört überhaupt kein Geräusch. Nichts!« Barney schüttelt den Kopf. »Komm, wir fahren weiter, Betty. Scheint irgendein geheimes Flugmanöver der Army zu sein.«

Die Hills fahren gerade durch den Canon Mountain, da gibt es keinen Zweifel mehr: Das Licht kommt ganz gezielt auf den Wagen zu.

»Kein Flugzeug kann so grell blenden«, sagt Barney, als das Licht ganz niedrig und parallel zur Straße fliegt.

Barney fährt weiter, da fängt der kleine Hund Puck, ganz plötzlich jämmerlich zu heulen an. Voller Angst kriecht er unter den Vordersitz und zittert am ganzen Körper.

»Bleib stehen, Barney. Der Hund muss raus«, sagt Betty.

Barney hält mitten in der Nacht auf einem völlig leeren Rastplatz. »Los, Puck! Beeil dich!«

Puck rührt sich keinen Millimeter von der Stelle. Er denkt nicht einmal daran, sein Versteck zu verlassen.

»Na komm endlich!« Barney bückt sich in den Wagen, um Puck herauszuholen. Doch er kommt nicht dazu.

Puck fletscht die Zähne, knurrt sein Herrchen an und bellt dann wie vom Teufel besessen.

»Blöder Hund! Was ist denn bloß in dich gefahren ...«

In diesem Augenblick schreit Betty auf. Barney dreht sich um und erstarrt - fassungslos, sprachlos!

Das Licht!

Blitzschnell senkt es sich vom Himmel herab. Bis auf etwa zweihundert Meter. Dann bleibt es stehen und schwebt genau über dem Wagen.

Sekunden vergehen.

Dann senkt sich das Ding langsam herab. Nein, das ist ganz sicher kein Flugzeug! Völlig geräuschlos bleibt es jetzt vor dem Wagen der Hills stehen – nur wenige Meter über dem Boden.

»Nein, Barney! Nicht!«

Wie von einer unsichtbaren Kraft angezogen, geht Barney direkt darauf zu.

»Barney! Komm zurück! Schnell!«

Aber Barney Hill, der Postbeamte aus Boston, ist nicht aufzuhalten. Merkwürdig! Er spürt keine Angst, er denkt nichts mehr. Er will nur wissen, was dieses Ding ist. Weiter!

Jetzt steht Barney unmittelbar vor dem ... Wie soll er so was überhaupt nennen? An fliegende Untertassen und derartigen Unfug glaubt Barney nicht. Das Flugobjekt ist rund, flach wie ein Diskus und hat einen Durchmesser von ungefähr zwanzig Metern. Barney sieht Luken, dahinter erkennt er die Besatzung, die Passagiere - oder was immer sie sein mögen. Auf jeden Fall sind Personen an Bord.

»Barney! Dreh sofort um!«

Obwohl Betty schreit, so laut sie kann, hört Barney nicht auf sie. Fasziniert beobachtet er die Schatten in dem Ding. Sie drängen sich um die Luken, scheinen ihn anzustarren. Ringsum Barney herrscht totale Stille. Nichts!

Ein, zwei Minuten verstreichen, dann gleitet eine Art Schiebetür zur Seite. Der Umriss einer Gestalt erscheint im grellen Gegenlicht. Die Gestalt spricht nicht, bewegt sich nicht weiter. Sie scheint zu warten. Worauf nur?

»Baaarneeey!«

Bettys verzweifelter Schrei reißt Barney endlich aus seiner Traumstarre. Erschrocken rennt er zum Wagen zurück, springt hinter das Lenkrad und braust davon. Er drückt das Gaspedal voll durch, rast dahin, so schnell es die gewundene Straße erlaubt.

Doch so schnell Barney auch fährt, das Ding begleitet den Wagen. Die Straße ist hell erleuchtet wie am Tage. Aber nicht von Barneys Scheinwerfern am Auto, sondern von den Strahlen der Untertasse.

Betty und Barney Hill verschlägt es die Sprache. Nur Puck heult und winselt jämmerlich.

Eine Zeit lang rast der Wagen durch die öde Gegend. Plötzlich kracht es. Barney kommt das beängstigende Geräusch wie ein Donnern vor, wie schwerer Hagel, der auf das Auto prasselt - oder so ähnlich jedenfalls. So ein Geräusch habe ich noch nie in meinem Leben gehört, denkt Barney. Und mit einem Mal bebt der Wagen, zittert und vibriert.

»Was ist das, Barney!«, kreischt Betty. »Was passiert mit uns!«

Den Blick starr nach vorne gerichtet, fährt Barney übermüdet durch die Nacht. Wie lange geht das nun schon so? Betty ist neben ihm auf dem Beifahrersitz eingeschlafen.

Draußen zieht ein Straßenschild vorbei: Lincoln – 17 Meilen.

»Lincoln!? Jetzt schon? Das ... Das gibt's doch nicht«, brummt Barney.

Auch Puck schläft unter dem Vordersitz.

»Betty! Aufwachen! Wir sind gleich in Lincoln! Das kann doch nicht sein!«

»Schon in Lincoln? Da bist du aber ganz schön schnell gefahren, Barney.«

»Eben nicht. Wir waren gerade noch in Indian Head.«

Plötzlich, für Sekunden nur, ist das seltsame Geräusch wieder zu hören. Ein Summen, das sich rasch entfernt, leiser wird. Dann folgt unheimliche Stille.

»Ich seh das Ding nicht mehr, Betty. Es ist verschwunden.«

»Mir egal«, sagt Betty. »Ich will nur heim. Und duschen. Komisch, ich fühl mich ganz glitschig, von Kopf bis Fuß.«

»Wie spät ist es?«, fragt Barney.«Meine Uhr ist stehen geblieben.«

Betty schaut auf die Uhr.

»Es ist ...«

»Betty?«

»Meine Uhr, Barney ...«

»Was?«

»Die ist auch stehen geblieben!«

Stunden sind vergangen, als Betty und Barney zuhause ankommen.

»Ich fühle mich, als hätte ich jedes Gefühl für Zeit und Raum verloren«, sagt Barney, während Betty die Haustüre aufsperrt.

Erschöpft fallen die beiden nach einer wohltuenden Dusche ins Bett.

»Barney, es ist schon fünf Uhr morgens!«, ist Betty erstaunt, als sie auf ihren Wecker blickt.

»Das ... Wie denn das?« Barney rechnet nach. »Selbst wenn wir die Zeit abziehen, in der wir angehalten haben, und auch dann, wenn ich einrechne, dass wir streckenweise langsam gefahren sind, dürfte es höchstens 3 Uhr sein! Niemals kann die Rückfahrt vom Urlaub so lange gedauert haben. Zwei Stunden mehr als sonst, das kann nicht sein. Wo ist nur die Zeit geblieben?«

Betty und Barney Hill schlafen hundemüde bis in den Nachmittag hinein durch. David Preston, Barneys Freund, ist der Erste, der von dem ungewöhnlichen Urlaubserlebnis erfährt.

»Eure Armbanduhren sind stehen geblieben, sagt ihr?«

»Ja. Und beide gleichzeitig«, bestätigt Barney.

»Schon seltsam. Vielleicht ein Magnetfeld in den Bergen, durch das ihr gefahren seid«, meint David. Das müsste man mit einem Kompass an eurem Wagen feststellen können.«

Und tatsächlich.

»Was zum Teufel ... Das gibt's doch gar nicht!«, wundert sich David. Er hat den Wagen mit seinem Kompass noch gar nicht erreicht, da spielt die Nadel völlig verrückt. Am verrücktesten wirbelt die Kompassnadel im Kreis, als David am Kofferraum winzige weiße Punkte erkennt.

»Komisch«, murmelt Barney und kratzt sich den Bauch. Seit ein paar Stunden juckt ihn ein rötlicher Ausschlag, den er noch nie gehabt hat.

»Wirklich merkwürdig«, sagt David. »Am besten, ihr vergesst die ganze Sache einfach.«

Und genau das versuchen Betty und Barney in den folgenden drei Wochen. Aber Barneys Ausschlag erinnert sie immer wieder an diese seltsame Nacht. Immer übler jucken die geröteten Stellen.

Was ist in jener Nacht des 19. September passiert?

Wo sind die fehlenden zwei Stunden hingekommen?

Die Tage vergehen, die beunruhigende Erinnerung bleibt. Betty erträgt die schlaflosen Nächte und Albträume nicht mehr. Verzweifelt schreibt sie einen Brief an das bekannteste Institut der USA, das sich mit ›außerirdischen Erscheinungen‹ beschäftigt.

Wenige Tage später nur meldet sich ein Spezialist bei Betty und Barney.

»Sie können uns jedes Wort glauben, das wir Ihnen erzählt haben«, sagt Betty. »Wir sind keine Spinner und wollen auch nicht berühmt werden.«

»Ich glaube Ihnen ja, Mrs. Hill. Muss ich, denn der Ausschlag ihres Mannes ist nun mal da.«

»Und er hat etwas mit diesem Loch in der Zeit zu tun - irgendetwas«, beharrt Barney.

»Was mich nachdenklich stimmt, Mr. Hill, ist, dass Sie sagen, Sie hätten das Gefühl gehabt, hypnotisiert worden zu sein.«

»Stimmt ... Und wir können uns beide an nichts, absolut nichts erinnern.«

»Wir brauchen Ihre Hilfe!«, fleht Betty den hohen Regierungsbeamten im grauen Anzug an. »Wir brauchen einen Rat! Alleine wissen wir nicht mehr weiter.«

»Ich kann Ihnen nur einen Rat geben«, erklärt der Spezialist der Regierung. Betty und Barney sind keineswegs hysterisch, wie die meisten Leute, mit denen der Beamte zu tun hat, denen ›kosmische Wesen‹ begegnet sein sollen. »Lassen Sie sich von Benjamin Simon behandeln. Er ist der Beste auf dem Gebiet der Psychotherapie.«

Barney und Betty nehmen diesen Rat gerne an.

Monatelang behandelt Doktor Simon die beiden. Er befragt sie unter Hypnose. Am Ende der Therapie schreibt Doktor Simon nieder, was Betty und Barney Hill unter Hypnose erzählt haben.

Barney Hill: »Wir parken am Rastplatz. Kurz darauf stehe ich vor einem runden ... Ding. Es leuchtet grell, blendet wie ... fast wie die Sonne. Eine Tür öffnet sich und ein Wesen steht vor mir - menschenähnlich. Es bewegt sich nicht. Auch Lippen und Mund sind starr, aber ich höre, wie es zu mir sagt: ›Sie müssen keine Angst haben.‹ ... Ich höre nur den Sinn in ... in meinem Gehirn ... Und ich sehe durch die Augen des Wesens ... Ich sehe mich selbst, wie ich vor dem Wesen stehe ... ›Hab keine Angst!‹ ... Das sage ich zu mir selbst ... Der Kopf des Wesens ist klein ... Sie sind überhaupt kleiner als wir Menschen ... Das fremdartige Wesen hat

Katzenaugen ... sie drehen sich unabhängig voneinander ... die Haut ist aschgrau ... zwei schmale Atemschlitze dienen als Nase und zum Atmen ... Das Wesen hat dünne, schwarze Lippen ... Es lächelt nicht, aber es ist freundlich ... das spüre ich innerlich ... Trotzdem renne ich zum Wagen zurück ... Wir rasen los ... Dann höre ich ein Brummen ... Das Ding schwebt vor uns ... Vor dem Wagen ... ein langer greller Lichtstrahl holt mich aus dem Auto ... ich habe keine Angst ... Ich sehe alles, was passiert, mit fremden Augen ... Ich studiere mich selber, während ich auf dem Operationstisch liege ... Ich fühle nichts ... Niemand sagt etwas ... nur eines: Ich spüre etwas auf meinem Bauch ... etwas Kaltes ...

Betty Hill schildert Doktor Simon ihre Erlebnisse so: »Da liege ich neben Barney. In einem grell erleuchteten Raum. Ich sehe einen Mann mit grauem Gesicht. Der Fremde hat blendende Augen ... so, wie Katzenaugen in der Nacht ... sie sind auf der Seite ... und sie drehen sich einzeln nach hinten und nach vorn ... der Kopf ist groß, läuft nach unten spitz zusammen ... die Nase ist spitz ... die Haut grau wie Metall ... dünne schwarze Lippen ... Jemand legt einen Gegenstand aus

Metall auf Barneys Bauch ... Ich schreie ... Dann legt mir jemand die Hand auf die Stirn ... nun habe ich keine Angst mehr ... Ich höre eine Stimme ... keine Worte ... nur ... Töne ... Ich verstehe die Töne nicht ... aber ich weiß trotzdem, was sie bedeuten ... Diese Fremdartigen untersuchen meinen ganzen Körper ... Ich fühle, wie kleine Nadeln mich abtasten ... von Kopf bis Fuß ... Es tut nicht weh ... Dann stehe ich auf ... ich gehe zu Barney ... Barney schläft ...

Was immer in der Nacht vom 19. auf den 20. September 1961 geschehen ist, einige Fragen konnten bis heute nicht geklärt werden:

Die Armbanduhren - warum sind beide stehen geblieben?

Wie konnten Betty und Barney so schnell die Strecke von Indian Head bis Lincoln zurücklegen?

Warum kamen sie zwei Stunden später an als sonst?

Und woher kam der Ausschlag auf Barneys Bauch? Er verschwand erst nach zwei Jahren - urplötzlich, so wie er entstanden war. Der rötliche Hautausschlag verschwand nach der letzten Hypnose-Behandlung bei Doktor Simon.

Du bist dran:

Wahr oder falsch?
   Haben Betty und Barney Hill diese unheimliche Nacht tatsächlich erlebt?
   Oder wurde die Geschichte frei erfunden?

SPIEL DES SCHRECKENS

München, Freitag 15. Mai 2015

Dieser Freitag wird der dunkelste und schlimmste Tag in der Firmengeschichte des Computerspiel-Herstellers ›Santer Electronics‹ werden - und für dessen Chef Wilbur Santer. Doch das kann Wilbur natürlich nicht ahnen, als er um 06.43 Uhr sein Büro im fünften Stock betritt - gut gelaunt und zufrieden wie immer.

Wilbur hat allen Grund, in bester Stimmung zu sein. Die neuesten Verkaufszahlen liegen ihm seit gestern vor.

»Ja!«, jubelt Wilbur. Von Freude erfüllt ballte die Faust. »Ich wusste, dass ›Pitcraft Erde‹ ein Kassenknüller wird!«

Schon als Kind liebte Wilbur es, draußen zu sein und die Natur zu erforschen: Er kletterte in dunkle Höhlen, erkundete verlassene Gebäude und interessierte sich für Gesteine und Mineralien. Dank seiner Leidenschaft für die Natur hat er nie aufgegeben, ein Computerspiel zu erfinden, das es jedem ermöglicht, die Geheimnisse der Welt zu entdecken.

Wilburs Anstrengungen wurden belohnt. Die Zahlen auf dem Geschäftsbericht sprechen eine deutliche Sprache, als Wilbur sie mit Genuss liest:

Verkaufte Anzahl an Spielen: 1,2 Millionen Stück.

Umsatz pro Spiel: 10 Euro

Umsatz gesamt: 12 Millionen Euro

Steuern: 6 Millionen.

Verbleibender Gewinn: 6 Millionen Euro.

Wilbur spürt, wie ihn eine wohlige Zufriedenheit durchströmt. »Wilbur, alter Kumpel, ab heute bist du reich. Willkommen im Klub der Millionäre!«, lobt er sich selbst.

Was Wilbur zu diesem Zeitpunkt nicht weiß ist, dass seine Freude nur von sehr kurzer Dauer sein wird.

Es ist jetzt 06.58 Uhr morgens. Wilbur hat noch genau 1 Stunde und 2 Minuten, dann wird ein Albtraum über ihn hereinbrechen, schrecklicher, als er sich jemals einen hätte vorstellen können.

Wilbur Santer bereitet sich eine Tasse Kaffee zu. Dann lehnt er sich in seinem ledernen Chefsessel zurück, nippt am Kaffee und liest den Bericht noch einmal durch.

»Ich werde meinen Mitarbeitern eine Lohnerhöhung zusagen«, beschließt er schließlich. »5

Prozent. Das haben sie verdient.« Wilbur ist ein gerechter Chef, er hat immer ein offenes Ohr für die Probleme und Wünsche seiner Angestellten.

Um 08.03 Uhr passiert es dann.

Wilbur steht gerade vor dem Spiegel in seinem Büro. Er probt die Ansprache, die er heute Abend auf der Sommerfeier von ›Santer Electronics‹ halten wird. Ein helles Geräusch wirft ihn aus der Konzentration.

Pling!

Doch es ist nicht das Geräusch, dass Wilburs Herz schneller schlagen lässt. Er kennt den Klingelton, der ankündigt, dass eine E-Mail übermittelt worden ist. Das Bild aber, das am Monitor auf seinem Schreibtisch erschienen ist, sieht Wilbur zum ersten Mal: Ein schwarzer Totenkopf auf rotem Hintergrund füllt den Bildschirm. Darunter blinken Buchstaben. Sie bilden einen Satz, der Wilbur augenblicklich knochenbleich werden lässt - ZAHL ODER STIRB!

»Was ... Was soll denn dieser Unfug?«, stammelt Wilbur nervös. »Das ist doch ein Scherz ...«

Aber da irrt sich Wilbur Santer mehr, als er je gedacht hätte.

Mit einem Tastendruck öffnet Wilbur die Mail-Nachricht.

Die Botschaft ist auf hellblaues Briefpapier geschrieben.

»Oh Gott! Das kann nicht sein!«, schreckt Wilbur auf. »Unmöglich!« Er traut seinen Augen nicht, was er da liest:

E-Mail: Donnerstag, 14. Mai - 19.59 Uhr
Senden: zeitversetzt, 15. Mai - 08.03 Uhr
Von: Schwarzes Phantom

Du hast 24 Stunden, keine Sekunde länger. 100.000 Euro in kleinen Scheinen - Fünfziger. Wenn nicht, gibt es dich und ›Santer Electronics‹ nicht mehr. Ehe du dich versiehst, schleuse ich ein Virus in ›Pitcraft Erde‹ ein. Der Computervirus wird jedes Spiel zerstören und anschließend den Computer, auf dem es läuft, explodieren lassen. Menschen werden sterben, die dein Spiel installiert haben. Der Trojaner ›Killer‹ ist nicht zu stoppen, er zerstört, was ihm in den Weg kommt. Du bist über Nacht in den Nachrichten und erledigt. Den Übergabeort nenne ich dir in meiner nächsten Nachricht. Und keine Polizei versteht sich!

Wilbur schluckt trocken und liest die E-Mail noch einmal. »Wer immer mir droht, er hat recht«, murmelt er vor sich hin. »Ein Wort nur, wenn in den Nachrichten kommt, bin ich ruiniert. Dann ist mein Lebenswerk über Nacht vernichtet.« Wilbur wischt sich den Schweiß von der Stirn. »Ich brauche Rat - verdammt guten Rat!«

Wilbur ist klar: Er muss zahlen. Ihm bleibt nichts anderes übrig. Er darf nicht riskieren, dass wegen ihm jemand stirbt - auf keinen Fall! Er weiß von der Drohung, dem Virus. Nicht bezahlen käme folglich fast einem Mord gleich. Andererseits jedoch kann ihn dann jeder jederzeit erpressen ...

Es ist jetzt 08.27 Uhr.

Aufgeregt läuft Wilbur vor seinem Panoramafenster im Büro hin und her. Verzweifelt und ratlos führt er ein Selbstgespräch. »Du musst beides gleichzeitig schaffen, Wilbur. Bezahlen und dabei diesen Gangster schnappen ...«

»Aber wie?«, fragt ihn seine innere Stimme. »Du hast nichts weiter in der Hand, als diese E-Mail.«

»Ich kann zurückschreiben und nachforschen, wohin die Antwort geht.«

»Quatsch, Wilbur. Der Absender ist mit Sicherheit gefälscht.«

»Was dann?«

Wilburs innere Stimme flüstert ihm nur ein einziges Wort zu: »Privatdetektiv.«

»Das ist es!«, ballt Wilbur wieder die Faust. »Geheime Nachforschungen, verdeckte Ermittlungen!«

Augenblicke später bietet Google Adressen von Privatdetektiven an. Wilbur zögert nicht länger und wählt die erstbeste Nummer.

09.02 Uhr.

»Ja, am Apparat. Womit kann ich Ihnen helfen?«

Wilbur erzählt Alexandra Kottan von der E-Mail-Drohung. Die Leiterin der Detektei ›Kottan & Kottan - Private Ermittlungen‹ hört ihm aufmerksam zu.

»Ich bin mit den Nerven am Ende!«, klagt Wilbur.

»Ein explosives Computervirus«, murmelt Alex in der Leitung. »Eingeschleust in das Programm eines PC-Spiels ...«

»Meine Existenz steht auf dem Spiel!«, betont Wilbur.

»Wir beginnen unsere Ermittlungen bei der E-Mail«, sagt Alex. »In zehn Minuten bin ich bei Ihnen.«

09.14 Uhr.

Alexandra Kottan ist sichtlich bestürzt, als sie auf dem Bildschirm in Wilburs Büro die eiskalte Drohung liest. »Wir überprüfen, wer von Ihren Mitarbeitern hellblaues Briefpapier für seine Mail-Nachrichten verwendet«, beschließt Alex. »Und noch etwas ...«

»Noch etwas?« Wilbur kann Alex' Gedanken nicht folgen.

»Gestern Abend fand die jährliche Hauptversammlung Ihrer Firma statt, sagten Sie ...«

»Ja. Ich habe sie mit einer Rede eröffnet. Und heute folgt der Abschluss mit unserem Sommerfest.«

»Wir müssen prüfen, ob alle Mitarbeiter bei der Versammlung anwesend waren«, erklärt Alex. »19.59 Uhr ... Das Schwarze Phantom hat seine Erpressung nur eine Minute vor Ihrer Rede verschickt.«

»Stimmt!«, schöpft Wilbur Hoffnung. »Demnach kann der Erpresser nicht auf der Firmenversammlung anwesend gewesen sein.«

»Wir haben es mit einem listenreichen Gauner zu tun«, klingt Alex überzeugt. »Phantom hat die E-Mail bewusst zeitversetzt erst heute Morgen gesendet ...«

Wilbur verliert jetzt keine Zeit mehr. »Die Urlaubsliste und die Krankenberichte!«, ruft er ins Vorzimmer hinaus.

Umgehend erscheint Vera Klein im Büro und händigt Wilbur die gewünschten Unterlagen aus. Sofort blättert Wilbur durch die Listen.

»Drei Mitarbeiter haben gestern Abend gefehlt.«

»Namen«, sagt Alex und zückt dabei Kugelschreiber und Notizblock.

»Frank Aichner«, liest Wilbur von der Krankenliste ab. »Aber er scheidet als Phantom aus ... Liegt seit neun Tagen im Krankenhaus. Eingegipst von Kopf bis Fuß nach einem tragischen Autounfall. Wurde von einem Spinner bei Gegenverkehr überholt und in einer Waldkurve von der Straße gedrängt. Knallte frontal in eine Tanne.«

»Okay, wer ist der oder die Nächste?«

»Clemens Thaller«, antwortet Wilbur. »Wir können ihn telefonisch erreichen und ...« Plötzlich zuckt Wilbur zusammen.

Pling!

»Was ist mit Ihnen, Herr Santer?«, wundert sich Alexandra Kottan. Sie blickt auf die Unterlagen in seinen Händen. »Sie zittern ja.«

»Der Bildschirm ...«, stammelt Wilbur.

Wieder sind auf dem Monitor Totenkopf und Drohung zu sehen.

»Öffnen Sie die Mail«, sagt Alex.

Sie deponieren das Geld um Punkt 4 Uhr morgen Früh im Kofferraum des roten Audi A4, der an der Ecke Talbotstraße - Wilhelmsplatz parken wird.

»Der Übergabeort, das ist unsere Chance«, sagt Wilbur wie aus der Pistole geschossen.

»Sie wollen den A4 überwachen?«

»Und das Schwarze Phantom auf frischer Tat ertappen!« Wilbur ist ganz aufgeregt. »Wenn der Mistkerl in den Wagen steigt, um abzuhauen, dann schlagen wir zu und Sie lassen die Handschellen klicken!«

»Das Phantom könnte bewaffnet sein«, meint Alex. »Ihr Plan ist gefährlich - lebensgefährlich, um ehrlich zu sein.«

»Das muss ich riskieren. Sie haben die Drohung gelesen: Zahl oder stirb!«

16. Mai, 04.00 Uhr morgens.

»Da steht der Audi!«, flüstert Wilbur und deutet auf die andere Straßenseite.

»Na dann los!«, macht Alex ihm Mut. »Ich lege mich hier hinter der Ligusterhecke auf die Lauer und halte meine Kamera bereit. Sie kommen so schnell wie möglich zurück.«

Wilbur nickt.

Der Kofferraum des tiefergelegten A4 ist nicht abgeschlossen. Pünktlich auf die Minute hinterlegt Wilbur 100.000 Euro in Fünfzigerscheinen und klappt den Wagendeckel zu. Dann eilt er über die Straße zurück und verschanzt sich neben Alex hinter dem Liguster.

Eine Viertelstunde vergeht.

Eine Stunde.

05.17 Uhr.

Niemand kommt. Nichts.

Der A4 steht einfach nur da.

Wilbur und Alex sind hundemüde vom konzentrierten Warten und der Anspannung einzugreifen.

»Vielleicht ist es der falsche Audi?«, meint Wilbur.

»Glaub ich nicht«, sagt Alex. »Das Schwarze Phantom ist clever. Möglicherweise lauert es irgendwo und ahnt unseren Plan ...«

»Ich sehe nach«, beschließt Wilbur.

Augenblicke später öffnet Wilbur den Koffer-raum. Er fällt fast in Ohnmacht, wankt ein paar Schritte zurück.

»Verdammt!«, zischt Alex.

Der Kofferraum des Audi ist leer. In der Mitte, völlig ungewöhnlich, befindet sich eine heftgroße Klappe.

»Wirklich schlau«, murmelt Alex. Sie kniet nieder und blickt unter den Wagen. »Der Gauner hat den Boden des Kofferraums präpariert und den Wagen über einem Kanaldeckel abgestellt. Er hat dann von unten her die Bodenklappe geöff-net und ist mit dem Geld durch die Kanalisation getürmt.«

»Dieses verdammte ›Pitcraft Erde‹ wird noch zum Spiel des Schreckens«, bebt Wilbur vor Zorn. »Die Autonummer! Über die kriegen wir den Ganoven!«

Der nächste Schock: Die Nummertafel ist von Hand gemalt!

Wilbur ist außer sich. Aber für Wutanfälle ist jetzt nicht der richtige Zeitpunkt. In dieser miesen Lage sind Köpfchen und klare Gedanken gefragt.

»Wir haben noch zwei Personen zu überprüfen, die auf der Firmenversammlung gefehlt haben«, sagt Alex.

»Ja. Frank Aichner, mein Chefprogrammierer und Laura Kern, eine meiner technischen Assistentinnen«, erklärt Wilbur. Er hat sich wieder etwas beruhigt. »Also zurück in mein Büro.«

08.31 Uhr.

Wilbur wählt die Nummer von Frank Aichner. Er aktiviert den Lautsprecher seines Telefons, damit Alex mithören kann.

Nach dem fünften Klingeln hebt Frank Aichner ab. Er klingt schwach und müde. »Guten Mor...«

Weiter kommt Frank nicht. Wilbur fällt ihm sofort ins Wort und kommt zur Sache.

Sekunden später reagiert Frank alarmiert. »Ein Computervirus, das die Festplatte zum Explodieren bringt? Oh Gott nein! Wir verlieren alle unsere Arbeit ... Herrgott ja, ich verwende hellblaues Briefpapier bei meinen E-Mails. Aber ich liege seit fünf Tagen mit 39,8 Grad Fieber im Bett - Grippe. Lesen Sie in meiner Krankmeldung nach.«

Es klickt in der Leitung. Frank Aichner hat aufgelegt.

»Die Grippe bindet einen nicht ans Bett«, meint Alex trocken.

Wilbur nickt. »Ein Phantom mit Grippe ... Eine Krankmeldung vom Arzt als Alibi ... Schlau.«

»Bleibt noch Laura Kern«, sagt Alex.

Wilbur wählt und blättert dabei in den Listen. »Laura ist für drei Wochen in Urlaub.«

»Laura Kern«, meldet sich eine junge Stimme.

»Hör mir zu, Laura ...«

Wilbur braucht keine Minute, um Laura zu erklären, was auf dem Spiel steht.

»Schwarzes Phantom! Erpressung per E-Mail! Das kann doch nicht wahr sein«, ist Laura außer sich.

»Das Phantom droht, das explosive Virus zu aktivieren. Ich bin jederzeit erpressbar!«

»Herr Santer, Sie müssen sofort zur Polizei! Tausende Kinder spielen ›Pitcraft Erde‹. Nicht auszudenken, wie viele davon durch ›Killer‹ sterben könnten! Was sind das bloß für Menschen, die zu so verbrecherischen Dingen bereit sind?«

»Wo waren Sie vorgestern Abend«, spricht Alex direkt in das Telefon. »Um 19.59 Uhr?«

»Mit meiner Familie zu Hause. Abendessen, dann habe ich den Kindern vorgelesen. Wer spricht da überhaupt?«

»Alexandra Kottan«, antwortet Wilbur. »Ich habe eine Privatdetektei eingeschaltet.«

»Herr Santer! Sie denken doch nicht, dass ich ...«

Alex nimmt Wilbur den Hörer aus der Hand. »Doch, Frau Kern, das denken wir.«

»Unerhört! Das ist Rufmord!« Laura legt verärgert auf.

»Was soll das?« Wilbur blickt Alexandra Kottan fragend an. »Wir haben keinerlei Beweise. Laura ist eine hervorragende Mitarbeiterin. Und sie hat ein Alibi - ihre Familie.«

Alexandra Kottan nickt. »Eine Familie, die seit heute Morgen um 100.000 Euro reicher ist. Rufen Sie die Polizei, Wilbur.«

Jetzt bist du dran:

Wahr oder falsch?

Ist dieser Erpressungs-Fall jemals in München passiert?

Und wodurch hat Alexandra Kottan Laura Kern als das schwarze Phantom entlarvt?

Die Erscheinung

Washington, 15. Oktober 1963

»Ich hab den Job!«, springt Gerry freudestrahlend in die Luft. Er hat sich noch nie in seinem Leben so glücklich gefühlt. Und das, obwohl er künftig für ein mickriges Gehalt zum Hauspersonal gehören wird. Aber nicht in irgendeinem Haus.

Gerry ist siebzehn, hat blondes Haar und stammt aus den einfachen Verhältnissen einer Farmerfamilie.

Die Schule war nie Gerrys Ding. Das Fach Geschichte stellte allerdings eine Ausnahme dar: Fasziniert von den Ereignissen der Vergangenheit saugt Gerry Daten über Entdeckungen, Schlachten und historische Personen wie ein Schwamm in sich auf. Er wurde so zweifellos zu einem Vielwisser in Sachen Geschichte.

Und nun soll er in einem der geschichtsträchtigsten Häuser der Welt arbeiten: Im Weißen Haus des Präsidenten der Vereinigten Staaten von Amerika. Dieses historische Gebäude hatte Gerry studiert, wie viele andere Stätten auch, an denen Weltgeschichte geschrieben wurde und wird. Im Weißen

Haus würde Gerry sich mit verbundenen Augen zurechtfinden.

»Dort oben, hinter diesem Fenster sitzt und arbeitet er also«, murmelt sich Gerry selbst zu. Sein Blick wandert dabei über die weißen Säulen. Er träumt davon, ihm, dem Präsidenten John F. Kennedy, bald selbst zu begegnen. Gerry spürt, wie sein Herz aufgeregt pocht. Er hat es geschafft: Er arbeitet im Weißen Haus.

Doch es soll für Gerry ganz anders kommen, als er sich seinen Traumjob vorgestellt hatte.

Der Haushalt des Weißen Hauses wird von Major Simpson geleitet. Unter seiner Planung laufen die Arbeiten wie am Schnürchen ab.

»Gerry, dein Arbeitsbereich sind die Fenster und Spiegel in acht Räumen im ersten Stock - Nordwest-Ecke«, teilt Major Simpson Gerry mit.

Nach drei Wochen hat sich Gerry eingelebt und die Arbeit geht ihm leicht von der Hand. Die Tage vergehen wie im Flug.

Und dann kommt der 15. November.

Wie jeden Morgen saugt Gerry den Staub aus den dicken Teppichen und poliert anschließend den Spiegel über dem Kamin blank. Da ertönt plötzlich eine kindliche Stimme.

»Bravo! Hurra!«

Gerry dreht sich um, aber da ist niemand. Er befindet sich völlig allein im Raum. Noch während er verwundert überlegt, hört Gerry das Kind wieder jubeln.

»Da ist er! Hurra! Ich sehe ihn!«

Die Stimmen einer großen Menschenmenge jubeln jetzt mit dem Kind. Eine Welle von begeisterten Hurra-Rufen, immer lauter, immer näher. Im ganzen Zimmer hört man das überschwängliche Freudengejubel. Doch seltsam: Es kommt nicht von der Straße! Es kommt ... ja, es kommt aus dem Zimmer nebenan! Gerry nähert sich der Tür, lauscht kurz und reißt sie mit einem einzigen Ruck auf - nichts! Niemand! Keine Menschenseele. Und mit einem Mal auch keine Stimmen mehr. Der Lärm hat in dem Augenblick aufgehört, in dem er die Tür aufmachte - so, als hätte jemand das Radio abgedreht.

Fast eine Minute lang steht Gerry verwirrt da und denkt nach. Dann fasst er sich wieder, schüttelt ungläubig den Kopf und schließt die Tür hinter sich. In diesem Moment heult eine Polizeisirene durch das Haus. Eine Menschenmenge schreit auf - aber diesmal sind es keine Jubelschreie, es sind Schreie blanken Entsetzens, von Angst und Panik. Wieder läuft Gerry zur Tür und öffnet sie - da ...

Major Simpson steht plötzlich vor ihm und starrt ihn erstaunt an. »Schon fertig mit der Arbeit, Gerry?«

»Alles im Griff, Major. Mir war nur kurz ein wenig übel.«

»Schon gut.« Major Simpson nickt zufrieden und setzt seinen Inspektionsgang fort.

Gerry setzt sich auf einen Stuhl und schlägt die Hände vors Gesicht. Langsam verklingen die schrecklichen Geräusche in der Ferne. Stille macht sich breit.

Gerry denkt sich zu diesem Zeitpunkt noch nichts weiter.

Stunden später, am Abend desselben Tages, sitzt Gerry in seinem kleinen Zimmer und liest in seinen Geschichtsbüchern. Seine Gedanken kreisen wieder um das, was er heute erlebt hat. Diese Stimmen und Geräusche ... Woher kamen sie? Warum lassen sie ihn nicht mehr los? Sie klangen so ... echt!

»Gerry, das hast du dir alles nur eingebildet«, sagt er sich selbst. »Du hast am helllichten Tag geträumt.«

In dieser Nacht macht Gerry kein Auge zu. Er kann nicht anders, ständig muss er an den kommenden Arbeitstag denken.

Am nächsten Morgen betritt Gerry den Spiegelsalon mit einem flauen Gefühl im Magen. Er poliert den großen Spiegel über dem Kamin, da gefriert ihm fast das Blut in den Adern.

»Bravo! Hurra!«

Sofort hört er wieder diese Kinderstimme. Und dann - wie gestern: die entsetzte Menschenmenge und die heulende Polizeisirene!

Gerry beginnt gerade an seinem Verstand zu zweifeln, da geht der Traum diesmal weiter. Er hört einen Radiosprecher, laut und aufgebracht ...

»Da fährt die offene Limousine mit dem Präsidenten. Sie biegt soeben in die Housten Street ein!«

Gerry läuft. Mit wenigen Schritten ist er draußen am Gang - doch da ist alles still.

Jetzt hat Gerry genug. Er schnappt sich seine erstbesten Kollegen, die ihm über den Weg laufen, und fragt: »Habt ihr auch eben diesen Lärm gehört, diese Kinderstimme und ... Ihr habt das doch auch gehört, oder?«

»Mann, Gerry? Was ist denn mit dir los seit gestern?«, schüttelt Frank Banister den Kopf.«

Nein. Keiner hat etwas gehört.

»Wo bleibt deine Fröhlichkeit, Gerry?«, sagt Luke, sein Kollege, der für die Garagen zuständig ist. »Du machst ein Gesicht, als wärst du dem Teufel persönlich begegnet.«

Da hast du gar nicht so unrecht, Luke, denkt sich Gerry. Er reißt sich zusammen, so gut er kann. Gerry zittert innerlich, als er zurück in den Salon geht und weiter an dem Spiegel poliert. Er weiß genau, dass gleich wieder dieser Wahnsinn passiert. Doch für ihn ist dieser Wahnsinn Wirklichkeit, lebendige Wirklichkeit.

Gerry ist in seine Gedanken vertieft, da befällt ihn ein unheimliches Gefühl - ein Gefühl von ... Anwesenheit. Im Zimmer ist es mit einem Mal eisig kalt. Irgendjemand ist hier - irgendwo hinter ihm. Gerry spürt das nicht nur, er weiß es. Und dann, Gerry blickt gerade in den großen Spiegel vor ihm, wird sein Gesicht knochenbleich.

Gerry sieht im Spiegel das Abbild eines Bettes. Das Bett ist von einem grellen Licht umhüllt. Mitten im Raum steht das Bett, und darauf liegt ein regloser Mann. Der Körper des Mannes ist bis zu den Schultern mit dem Sternenbanner, der Flagge der USA, bedeckt.

»Das ... Das kann nicht sein!«, stammelt Gerry verängstigt. Er wagt kaum noch zu atmen. Diesen toten Mann mit seinem mageren, knochigen Gesicht hat er schon hunderte Male gesehen - in seinen Geschichtsbüchern. In diesem Bett liegt Abraham Lincoln, Präsident der Vereinigten Staaten - ermordet 1865.

Gerry schluckt trocken, nimmt all seinen Mut zusammen, und dreht sich dann mit verschlossenen Augen um. Er wartet eine Sekunde, dann reißt er mit pochendem Herzen die Augen auf und schaut zur Mitte des Zimmers. Es ist leer!

»Das ist unmöglich!«, stammelt Gerry.

Schnell dreht sich Gerry zum Spiegel zurück. Die Erscheinung ist verschwunden.

»Ich ... ich fantasiere!«, murmelt Gerry verzweifelt.

Am Abend dieses Tages geht Gerry früh zu Bett, um auszuspannen. Er schließt die Augen und versucht ganz ruhig zu atmen. »Was hat das alles zu bedeuten?«, grübelt er vor sich hin. »Solche Bilder sind doch kein Zufall. Warum sehe nur ich sie? Sind sie eine Botschaft an mich?« Je länger Gerry diesen beunruhigenden Gedanken nachhängt, umso mehr ist er davon überzeugt, dass diese Erscheinungen etwas ankündigen. Etwas furchtbar Schlimmes!

In den nächsten Tagen steigt und steigt Gerrys Anspannung. In schlaflosen Nächten quälen ihn immer die gleichen Fragen: Warum Lincoln?

Wozu diese Stimmen, die Polizeisirenen und dieser texanische Radiosprecher? Was hat es mit der Limousine des Präsidenten auf sich? Und vor allem: Was bedeutet ›Housten Street‹?

Wieso Lincoln?

Wieso Lincoln?

Wieso Lincoln?

Bald drehen sich Gerrys Gedanken fast nur mehr um diese Frage. Immer wieder und wieder blättert er seine Geschichtsbücher durch, in der Hoffnung, eine Antwort auf dieses schauderhafte Bilderrätsel im Spiegel zu finden.

Vergeblich.

Nichts zu finden.

Nicht die Spur einer Verbindung.

»Okay«, beschließt Gerry. »Auch wenn du mich für verrückt erklärst, Luke, als mein Freund musst du mir helfen.«

Luke ist ein guter Kerl, ein echter Kumpel. Die beiden sehen sich am Wochenende oft gemeinsam ein Spiel der Washington Nationals an.

Gerry beschließt, seinen Plan sofort umzusetzen. Er wählt Lukes Nummer.

»Ja?«, ertönt Lukes Stimme nach dem vierten Klingeln.

»Hi, Luke. Kannst du mir morgen im Spiegelsalon helfen?«

»Hi, Gerry. Was soll die Frage?«

»Ja oder nein?«

»Geht leider nicht, hab selber kaum Luft.«

»Es ist wichtig, Luke.«

»Wichtig? Einen Spiegel zu putzen?«

»Mehr als wichtig, Luke. Glaub mir.«

»Bist du krank, Gerry?«

»Ich erklär dir alles morgen, Luke. Versprochen.«

»Meinetwegen, Kumpel. Aber nur zehn Minuten. Keine Sekunde länger. Will keinen Ärger mit Simpson.«

»Geht klar. Nur zehn Minuten.«

Jetzt kann Gerry nur noch hoffen, dass auch Luke Lincoln im Spiegel sieht. Hoffentlich!

Am nächsten Tag hilft Luke seinem Freund beim Polieren des Salonspiegels. Und wie jeden Morgen hört Gerry bald schon die Kinderstimme.

»Bravo! Hurra!«

Dann setzen die Schreie der anderen Menschen ein, die Polizeisirene heult auf und der Radiosprecher ertönt. Die Dinge laufen der gewohnten Reihe nach ab, wie ein Film im Fernsehen. Auch Präsident Lincoln erscheint.

Jetzt gibt es für Gerry kein Halten mehr. Erwartungsvoll bedrängt er Luke. »Hörst du die Stimmen, die Sirene? Du siehst ihn doch, oder? Lincoln!«

Luke starrt seinen Kumpel erschrocken an. »Hey, Mann, mit dir stimmt was nicht, Gerry. Du siehst schrecklich aus - blass wie Kreide. Du brauchst einen Arzt.«

Luke scheint nichts zu hören und zu sehen.

Gerry ist am Boden zerstört. Sein ganzes Leben lang hat er vom Weißen Haus geträumt, und von den Ereignissen, die sich hier in der Vergangenheit zugetragen haben. Und jetzt? Jetzt, wo er es endlich hierher geschafft hat, holen ihn die Bilder der Geschichte ein und bringen ihn langsam aber sicher um den Verstand.

»Danke für deine Hilfe, Luke. Ich fühl mich wirklich elend. Ich sag Simpson Bescheid und ruh mich ein paar Tage aus.«

»Keine Ursache, Gerry. Lass dir Zeit, ich mach deine Bereiche mit. Das schaff ich schon.«

Gerry nickt, als Luke den Salon verlässt. Er denkt jedoch keine Sekunde daran, auszuspannen oder zu Major Simpson zu gehen.

Im Gegenteil!

Drinnen, im Salon, ja da hat er soeben wirklich

an seinem Verstand gezweifelt. Aber nun, hier draußen am Gang, wo er alles ganz normal sieht, da weiß Gerry plötzlich, was er zu tun hat.

»Ich muss mich an den Privatsekretär des Präsidenten wenden, ihm alles erzählen, bevor es zu spät ist ...«, spornt er sich selbst an.

Schon im nächsten Moment scheint ihm sein Plan absurd. Bevor was zu spät ist? Wie soll er den privaten Sekretär des Präsidenten nur davon überzeugen, dass alles, was da passiert ... Plötzlich kommen Schritte und dumpfe Stimmen die Treppe hoch. Und Sekunden später - das ist zweifellos ein Zeichen! - kommt der Sekretär des US-Präsidenten auf ihn zu. Umringt von seinen engsten Mitarbeitern.

Zu seiner eigenen Verwunderung hat Gerry keine Hemmungen, den hohen Beamten anzusprechen. »Herr Sekretär, ich muss mit Ihnen reden! Jetzt sofort! Ich muss Ihnen etwas Wichtiges mitteilen!«

Gerry hat keine Chance, auch nur einen Schritt weiter auf den Berater zuzukommen. Sofort packen ihn harte Griffe und zerren ihn zurück.

Da tobt Gerry regelrecht los: »Sprechen Sie mit mir! Jetzt gleich! Bitte! ... Bitte!«

Niemand hätte das wirklich erwartet, aber der

Berater des Präsidenten bleibt stehen und gibt seinen Sicherheitsmännern ein Handzeichen. »Lasst ihn los.«

Was dann geschieht, wird Gerry sein Leben lang nicht mehr vergessen.

Der persönliche Berater von Präsident John F. Kennedy nimmt Gerry mit in sein Büro und hört ihn geduldig an. Fast zwanzig Minuten verstreichen. Dann öffnet sich die Bürotür.

»Ich danke Ihnen vielmals, Gerry«, sagt der hohe Beamte. Er schüttelt Gerry zum Abschied die Hand.

Die Leibwächter können nicht glauben, was sie da gerade haben zulassen müssen.

Tags darauf saugt Gerry gerade den flauschigen Salonteppich, als er aufhorcht und aus dem Fenster blickt. Der Hubschrauber des Präsidenten hebt soeben vom Rasen des Weißen Hauses ab und erhebt sich hoch in den blauen Himmel. Kurz darauf ist er in der Ferne verschwunden.

Noch während Gerry in den Himmel starrt, fällt es ihm auf: Seltsam, heute Morgen hat er keine Stimmen gehört, keine Polizeisirene ... nichts ist erschienen.

Gerry saugt weiter den Salonteppich des Präsidenten. Was sich dann ereignet, erlebt Gerry mit blankem Entsetzen im Fernsehen mit. Es ist der 22. Novembers 1963, der Tag, an dem Präsident John F. Kennedy die Stadt Dallas in Texas besucht.

12.25 Uhr: Der offene Wagen mit dem Präsidenten, ein Lincoln Continental, fährt in die Stadtmitte ein. Menschenmengen links und rechts am Straßenrand bejubeln J. F. Kennedy und seine Frau an seiner Seite.

Ein kleines Mädchen zeigt jauchzend auf den Präsidenten und ruft begeistert: »Bravo! Hurra! Ich sehe ihn!«

12.29 Uhr: Der Lincoln Continental biegt in die ›Housten Street‹ ein.

12.31 Uhr: Schüsse knallen. Der Präsident sackt im Wagen getroffen zur Seite. Ein Mann namens Lee Harvey Oswald hat die Kugeln abgefeuert.

Die Welt ist geschockt.

Monate vergehen.

Tausende Seiten von Ermittlungsakten halten die Untersuchungen vom Tod des Präsidenten fest. Unter den Akten findet sich auch eine dünne Mappe mit der Aufschrift: Gerry Winston

- Hausangestellter im Weißen Haus - Akte geschlossen.

Einige Jahre später veröffentlicht eine amerikanische Illustrierte einen Artikel, der Gerry einen kalten Schauer über den Rücken jagt:

Merkwürdig übereinstimmende Begleitumstände des Todes der beiden Präsidenten Kennedy und Lincoln stimmen nachdenklich:
1860 wurde Lincoln zum Präsidenten der Vereinigten Staaten gewählt.
1960 wurde Kennedy gewählt - exakt hundert Jahre später.
Beide starben an der Seite ihrer Frauen.
Beide starben an einem Freitag.
Ihre Nachfolger hießen jeweils ›Johnson‹.
Andrew Johnson, Lincolns Nachfolger, wurde 1808, geboren.
Lyndon Johnson, Kennedys Nachfolger wurde 1908 geboren.
1839 wurde John Wilkes Booth geboren - er schoss auf Lincoln.
1939 wurde Lee Harvey Oswald geboren - er schoss auf Kennedy.
Der Privatsekretär von Lincoln riet ihm dringend davon ab, in das Theater ›Ford‹ zu gehen,

wo man ihn umbrachte - der Sekretär hieß Kennedy.

Der Privatsekretär von Kennedy riet ihm dringend davon ab, nach Dallas zu fahren - er hieß Lincoln.

Und nun bist du dran:

Ist diese Geschichte wahr oder falsch?

Haben sich diese mysteriösen Erscheinungen im Weißen Haus in Washington wirklich zugetragen?

DER SPINNENMANN

»Travis, du machst den schwersten Fehler deines Lebens. Lass es sein, das ist besser für dich. Glaub einem alten Hasen wie mir.«

»Sagst du das zu jedem Polizisten, der dem Flying Squad als Neuling beitritt, Bob?«

»Ich weiß, wovon ich rede, Trav. Bin schließlich schon über fünf Jahre beim Überfallkommando der Londoner Police.«

»Hör zu, Bob: Von Kindheit an träumte ich davon, Mitglied beim Flying Squad zu sein, einer von euch, den besten Detektiven. Ich will sein wie ihr, Kriminelle überführen, Verbrechen aufklären, die schnellsten Autos fahren und Straftaten verhindern, noch ehe sie passieren.«

Bob blickte mich nachdenklich aber auch ein wenig freundschaftlich an. Er steckte sich eine Zigarette in den Mund, zündete sie an und blies eine dicke Rauchwolke in die Büroluft. »Okay, Trav«, sagte er nach ein paar weiteren Zügen. »Du bist ausgewählt worden, also machen wir das Beste draus.«

»Kein Problem, Bob. Nach zwei Jahren

gewöhnlicher Polizeiwache im East End habe ich die Nase gestrichen voll vom normalen Dienst.«

»Aber lass dir eines gesagt sein, Travis: Wilde Autoverfolgungsjagden, unter falscher Identität sich in Verbrechersyndikate einschleusen, berüchtigte Gangster verhaften ... solche Dinge kommen selten vor, die gehören ins Kino.«

»Ich liebe Kino, Bob.«

»Wir verdanken unsere Erfolge harter Arbeit, Disziplin, Vorsicht und langem geduldigem Warten.«

»Ich kann warten, Bob.«

Bob Franklin dämpfte seine Zigarette im Aschenbecher aus, der auf seinem aufgeräumten Schreibtisch stand. Dann lächelte er mich väterlich an und sagte: »Okay, dann wollen wir mal. Big Boss hat uns zu einer ›Observierung‹ eingeteilt.«

Keine zehn Minuten später standen Bob, ich und zehn weitere Agenten, im Büro des Oberinspektors.

»Die Sache ist ernst«, begann Mr. Dark seine Erklärungen mit besorgter Miene. »Londons Bezirke, in denen vorwiegend reiche Leute leben, ziehen Diebe magisch an - geradezu wie Honig die Bären. Mayfair und St. James sind solche Gegenden.«

»Warum erzählen Sie uns das Mr. Dark«, fragte Delaney. »Das ist uns allen bekannt.«

Mr. Dark erhob sich aus seinem Stuhl hinter dem schweren Schreibtisch und trat ans Fenster. Sein Blick schweifte in die Ferne, hinüber zur Themse, als er weitersprach. »Wie es scheint, werden viele der Einbrüche in Mayfair vom selben Täter verübt.«

»Woraus schließen Sie das, Mr. Dark?«, fragte Bob.

»Er geht immer nach der gleichen Methode vor. Überaus erfolgreich, wie ich zugeben muss. In den letzten vier, fünf Wochen hat er an die 30.000 Pfund erbeutet - Bargeld und Schmuck.«

»30.000 Pfund! Huhh!«, entfuhr es mir beeindruckt. »Ein gewaltiges Vermögen. Verdient man mit einem normalen Job lange nicht.«

Die übrigen Kollegen waren ebenso tief beeindruckt.

»Wie stellt er das an?«, fragte Jennifer Clark.

Mr. Dark wandte sich uns zu, ein unzufriedener Blick lag auf seinem Gesicht. »Leider haben wir keine Ahnung. Jedenfalls ist der Typ clever. Die meisten Diebstähle finden in Hotels statt. Der Gangster wartet, bis die Gäste beim Abendessen im Speisesaal sind. Dann steigt er durch die

Fenster in die Hotelzimmer ein, macht Beute und verschwindet auf demselben Weg wieder.«

Tausend Fragen schossen uns in den Sinn, das war jedem der Flying Squad-Agenten anzusehen. Ihr Spürsinn arbeitete auf Hochtouren.

»Er braucht eine Leiter, um die Zimmer der oberen Stockwerke zu erreichen«, sagte Derek Jones.

»Mit einer Leiter auf der Schulter durch London zu spazieren fällt mehr als auf«, sagte ich.

»Dann ist er ein Fassadenkletterer«, meinte Bob.

»Oder er steigt nur in eingerüstete Hotels ein, deren Fassaden neu gestrichen werden«, überlegte ich.

»Bislang haben sich keine Augenzeugen gemeldet«, erklärte Mr. Dark. »Er scheint über die Dächer zu kommen - lautlos, spurlos, flink.«

»Wie eine Spinne«, lachte Jennifer.

»Ein Spinnenmann«, scherzte ich.

Alle, sogar der immer ernste Mr. Dark, mussten lachen und schmunzeln. Das Gelächter hielt ein, zwei Minuten an, dann ging es wieder konzentriert zur Sache.

»Mayfair ist ein nobler Bezirk«, sagte Derek. »Ein Einbrecher kann dort nicht längere Zeit einfach herumspazieren, ohne aufzufallen.«

»Also muss er sich tarnen, verkleiden«, dachte ich laut.

Für einen Moment herrschte nachdenkliche Stille.

»Guter Gedanke«, stimmte mir Bob schließlich zu. »Angenommen, er verkleidet sich: Welche Verkleidung würde er wählen, um unauffällig durch Mayfair spazieren zu können?«

Mr. Dark seufzte. »Wenn wir das wüssten, könnten wir ihm schnell die Handschellen anlegen.«

»Wie gehen wir also vor?«, fragte Jennifer.

»Observieren«, antwortete Mr. Dark dienstlich. »Ihr bildet Zweiergruppen und beobachtet die wichtigsten Hotels. Sucht euch gute Verstecke und haltet Ausschau nach Verdächtigen.«

Ich stöhnte innerlich. Das also war Flying Squad. Bob hatte recht. Statt Action lange, einsame und kalte Nächte des Wartens und Beobachtens. Einem Phantom auflauern, das es vielleicht überhaupt nicht gibt.

»Teilt euch die Ruhepausen gut ein«, befahl Mr. Dark. »Wir dürfen keine Sekunde verpassen. Und geht davon aus, dass der Kerl - Spinnenmann - gerissen und stark ist. Geht kein unnötiges Risiko ein, sollte es zu einem Kampf kommen.«

Ich fror jetzt schon, wenn ich an die Kälte draußen dachte. Einziger Trost: Bob und ich waren ein Team.

Mr. Dark hatte uns eingeteilt, das berühmte Hotel Ritz zu überwachen.

»Nicht gerade das angenehmste Versteck«, beschwerte sich Bob mürrisch.

Wir kauerten zwischen Mülltonnen und Holzregalen im dunklen Hinterhof. Irgendwo in unserer Nähe musste sich ein Kanal befinden, der faulige Geruch von verrottenden Essensresten kroch uns in die Nasen und vermischte sich mit den köstlichen Düften, die aus der Hotelküche strömten.

»Diese verdammte Kälte«, schimpfte ich.

»Denk einfach nicht dran«, munterte Bob mich auf. »Stell dir einfach vor, wir liegen an einem sonnigen Strand.«

Nette Idee. Aber gegen meine durchgefrorenen Finger, Arme und Beine waren selbst die sonnigsten Gedanken machtlos.

»Jetzt hocken wir schon fast die ganze Nacht hier rum«, murrte ich, als wir im Morgengrauen unseren Lauerposten verließen und nach Hause gingen. »Keine Spur vom Spinnenmann.« Am liebsten hätte ich mich an einen Schreibtisch in einem warmen Büro versetzen lassen. Aber ich tat es nicht. Ich hoffte auf die kommende Nacht, wollte unbedingt eine Verfolgungsjagd, Nerven-kitzel und eine Verhaftung erleben.

Heute Nacht mussten wir die Häuser in der Ar-lington Street beobachten. Wir postierten uns auf der gegenüberliegenden Straßenseite im Park. Genau gesagt hinter einer Reihe von Liguster-sträuchen.

»Perfekt«, sagte Bob. »Von hier aus haben wir die ganze Straße im Visier.«

Bob war wirklich ein erfahrener Polizist. Selbst während er mit mir sprach, ließ er die Arlington Street keine Sekunde aus den Augen. Sein Blick haftete wie ein Magnet an den erleuchteten Fens-tern und den dunklen Gärten.

»Sobald der Kerl auch nur einen Fuß in diese Straße -«

Plötzlich verstummte Bob mitten im Satz. Sei-ne Muskeln spannten sich und er packte mich am Unterarm.

»Was ist?«, fragte ich kaum hörbar.

Bob antwortete keinen Ton. Seine Hand deute-te auf die Rückseite der Häuserreihe.

Sekunden später sah auch ich ihn.

Ein Schatten.

Lautlos huschte er durch die Dunkelheit. Links, rechts - wieselflink.

Dann trat jemand durch das Gartentor schräg vor uns. Eine Gestalt.

»Der Hausbesitzer?«, flüsterte ich Bob zu.

Bob schüttelte den Kopf. »Der Kerl bewegt sich viel zu vorsichtig, als es der Besitzer im eigenen Garten täte.«

Bob und ich verließen unser Versteck. Schlagartig vergaß ich die Kälte um mich herum. Meine erste, lang ersehnte Verfolgungsjagd stand bevor.

»Ihm nach«, flüsterte Bob und gab mir ein Handzeichen, ihm zu folgen.

So schnell und so leise wir konnten, schlichen wir hinter dem Spinnenmann her.

»Mist!«, fluchte ich leise.

Wir betraten gerade den Garten, da kletterte Spinnenmann über einen hohen Gartenzaun, sprang auf der anderen Seite hinunter und verschwand in der Dunkelheit. Sekunden später erreichten wir den hohen Zaun.

»Da kommen wir nicht drüber«, murrte Bob.

»Der Kerl kann wirklich klettern wie eine Spinne«, sagte ich. »Er ist uns entwischt.«

Bob nickte zustimmend. »Aber er hat eine verräterische Spur hinterlassen.«

»Eine Spur?«

»Ja. Hast du sie nicht glitzern gesehen?«

»Wovon sprichst du?«

»Die silbernen Manschettenknöpfe an seinen Hemdsärmeln. Sie funkelten im Mondschein.«

»Äh ... natürlich«, log ich verlegen. Ich hatte mich viel zu sehr auf unseren Verfolgungsweg konzentrieren müssen, als auf den Spinnenmann achten zu können.

»Er ist gekleidet wie ein Gentleman«, sagte Bob. »Schwarzer Smoking und weißes Seidenhemd. Vermutlich Knöpfe aus Perlmutt, Gold oder eben Silber. Kein Mensch hier in der Arlington Street würde auf die Idee kommen, ihn in diesem vornehmen Anzug aufzuhalten und Fragen wegen eines Einbruchs zu stellen.«

»Garantiert nicht«, stimmte ich zu.

»Du wartest hier«, sagte Bob.

»Kein Problem. Du bist der Boss. Was hast du vor?« Ich wollte den Spinnenmann auf keinen Fall plötzlich alleine gegenüberstehen.

»Ich warne die Hausbesitzer«, sagte Bob und schon lief er die Arlington Street entlang.

Ich schlug den Kragen meiner Jacke hoch und blickte zur Rückseite der Häuserfront. Augenblicke später hielt ich für eine Sekunde den Atem an. Der Spinnenmann erschien auf einem der Balkone. Wie angewurzelt stand ich da und beobachtete ihn. Mein Puls beschleunigte sich. Jeden Moment würde er herunterklettern, den Hinterhof überqueren und mir direkt in die Arme laufen. Ich griff um meine Handschellen. Beinahe hätte ich sie vor Aufregung fallen lassen.

Doch ich irrte mich. Spinnenmann hangelte sich nicht wie erwartet in den Hinterhof herab. Im Gegenteil. Er schwang etwas durch die Luft, warf es auf das Dach, kletterte daran hoch und verschwand über die Dächer in die Nacht.

Am nächsten Morgen im Büro erfuhr ich von Bob, dass der flinke Gangster mit einer Beute im Wert von 3500 Pfund entkommen war - echter, teurer Schmuck.

»Sonst noch irgendwelche Neuigkeiten?«, fragte Mr. Dark.

»Ja. Seine Schuhe.«

»Sprechen Sie nicht in Rätseln, Bob.«

Bob genoss es, im Mittelpunkt zu stehen. »Der Kerl trägt Schuhe mit weichen Gummisohlen.«

»Woraus schließen Sie das?«, wollte Mr. Dark neugierig wissen.

»Trav und ich haben den Balkon unter die Lupe genommen ...«

»Keine Fußabdrücke«, schaltete ich mich ein.

»Merkwürdig«, runzelte Mr. Dark die Stirn.

»Warum denn?«, fragte ich. Ich weiß, ich hätte selbst darauf kommen müssen. Aber ich war eben damals noch nicht lange im Geschäft.

Bob schmunzelte. »Spinnenmann legt größten Wert auf perfekte Kleidung. Zu perfekter Abendkleidung gehören perfekte Anzugschuhe mit Ledersohle. Spinnenmann aber trägt Schuhe mit feinrippigen Kreppgummisohlen.«

»Die ihm beim Klettern festen Halt bieten«, sagte Mr. Dark.

Bob nickte.

»Solche Schuhe zu einem eleganten Smoking, das würde sofort auffallen«, sagte ich.

»Eben«, stimmte Bob mir zu. »Also suchen wir einen vornehm gekleideten Herren mit eleganten Schuhen, deren Sohlen aus Kreppgummi bestehen.«

»Eine Sonderanfertigung«, wurde mir klar.

Wieder nickte Bob.

»Dann verlieren wir keine weitere Zeit«, sagte Mr. Dark. »Ihr findet raus, wer solche Schuhe besitzt. Und wenn ihr dafür alle Schuhmacher von London befragen müsst.«

Schuster befragen! Gibt es etwas Langweiligeres? Ich war doch hier beim Flying Squad, der schnellen Eingreiftruppe!?

Hab ich schon erwähnt, dass auch Detektive manchmal Glück brauchen? Wir hatten Glück, nur vier Tage später.

Über einem Geschäftseingang in der Benson Street hing ein Metallschild mit der Aufschrift ›Schuhmacher‹. Wir betraten den Laden und stellten uns dem Besitzer vor.

»Hat in der letzten Zeit jemand bei Ihnen elegante Abendschuhe mit Kreppgummisohle bestellt?«, fragte Bob direkt.

Wir warteten auf die übliche Absage. Doch stattdessen ...

»Eine ungewöhnliche Frage über ein ungewöhnliches Paar Schuhe«, lächelte der Schuster.

»Sie haben also solche Schuhe angefertigt?«, hakte ich nach.

»Solche Schuhe vergisst man nicht«, sagte der alte Mann. »Vor fünf Wochen hat ein Gentleman diese Kombination bei mir gekauft.«

Für einen Moment konnte ich unser Glück nicht fassen.

»Haben Sie die Adresse des Mannes?«, fragte Bob und griff um seinen Notizblock.

Der Schuhmacher nickte. »Natürlich, Sir.« Er öffnete eine Schublade und zog ein altes, vergilbtes Rechnungsbuch heraus. Seite um Seite ging er die Adressdaten durch. »Ah, da haben wir sie!«

Bob notierte die Adresse und wir verließen die Schusterei.

»Das war ja ein Kinderspiel«, grinste ich.

Bob blieb jedoch nachdenklich, ernst sogar. »Richtig«, meinte er kurz angebunden. »Das ging viel zu leicht. Wenn du ein Dieb wärst, und noch dazu so schlau wie Spinnenmann, würdest du dann bei einem Schuhkauf deinen richtigen Namen angeben?«

»Ich ... nein«, gestand ich ein. »Und ich würde auch eine falsche Adresse angeben.«

Von einer Sekunde auf die andere machte sich Enttäuschung in mir breit. »Dann sind die Informationen unseres Schuhmachers also wertlos.«

»Die Adresse ist es«, sagte Bob. »Nicht seine Beschreibung des Mannes, die er uns gegeben hat. Wir wissen, Spinnenmann ist groß und schlank, hat braune Augen und glattes schwarzes Haar - und er spricht mit amerikanischem Akzent.«

Diese Beschreibung kann auf hunderte Männer zutreffen. Auf Tausende. Wo sollen wir anfangen zu ermitteln?«

»Natürlich bei dieser Adresse«, sagte Bob. »West Sun Street Nr. 69.«

Die Frau, die an dieser Adresse wohnte, lebte

allein. Sie war siebzig Jahre alt und konnte ohne Gehstock keinen einzigen Schritt mehr machen - und schon gar nicht auf Balkonen und Dächern herumklettern. Der Lehrer von Nr. 68 war unverdächtig, ebenso die Familie von Nr. 70.

Dann klopften wir an die Tür von Nr. 71.

»Hier wohnt niemand, der so heißt«, erklärte die rothaarige Frau.

»Ein schlanker Mann mit braunen Augen, groß gewachsen und glattes schwarzes Haar. Spricht mit amerikanischem Akzent«, ließ Bob nicht locker.

Plötzlich stutzte die Frau. »Ah! Sie haben die Nummer verdreht. Er wohnt nicht in Nr. 69, sondern in Nr. 96. Nur zu Ihrer Information: Der Mann ist nicht Amerikaner, er kommt aus Kanada. Meine Putzfirma kümmert sich auch um seine Wohnung. Mrs. Smith, die bei ihm sauber macht, sagt, er sei ein netter, höflicher Gentleman, der immer ein stattliches Trinkgeld gibt. Tagsüber schläft er meistens. Scheint, als arbeite er nachts.«

»Wie heißt er?«

Die Frau dachte kurz nach. »Potter. Ja, das ist sein Name. Simon Potter.«

Wir verabschiedeten uns und gingen. Draußen auf der Straße meinte Bob überzeugt: »Diesmal haben wir unseren Mann! Wir alarmieren umgehend den Rest von Flying Squad.«

Zehn Minuten später waren unsere Kollegen eingetroffen und wir machten uns auf den Weg zu Potters Wohnung. Mr. Dark ließ das Haus umstellen, dann klingelte er und hielt Simon Potter den Polizeiausweis vor die Nase, als dieser seine Wohnungstür geöffnet hatte.

Bob verhaftete den Mann, während er ihm seine Rechte vorsagte. Auf einen Wink von Bob hin legte ich Spinnenmann die Handschellen um dessen starke Handgelenke und ließ sie zuschnappen.

Simon Carl Potter wanderte für drei Jahre in den Knast.

Bob wurde einer der besten Agenten beim Flying Squad. Wir wurden ein brillantes Team. Denn wir lernten schnell, dass es vor allem endloser Geduld und harter Arbeit bedurfte, um ein erfolgreicher Detektiv zu sein. Man musste auf seine Chance warten können - warten, warten, warten.

Du bist dran:

Ist diese Geschichte wahr oder falsch?
Hat der Spinnenmann jemals existiert?

Heisse Diamanten

New York City, USA, 14. Oktober 2003

›Clinton & Partner‹ ist eines der bekanntesten Detektivbüros in Manhattan. Egal, um welchen Dienst es sich handelt - Personenschutz, vertrauliche Ermittlungen, weltweite Nachforschungen ... bei ›Clinton & Partner‹ ist man sicher, es mit Profis zu tun zu haben.

Manchmal jedoch gelingt es listenreichen Gaunern, selbst die Besten der Besten auszutricksen ...

Phil Clinton kann es einfach nicht fassen. Er ist noch immer außer sich vor Wut und Enttäuschung. Dass ausgerechnet ihm ein solcher Fehler unterlaufen kann. Ihm, den noch niemals in seiner zwölfjährigen Karriere jemand ausgetrickst hat.

»Konzentrier´ dich besser auf den Verkehr«, sagt Fiona Clinton zu ihrem Mann.

Die Familie Clinton ist soeben in ihrem Mercedes GLK auf der 6ten Straße, der Avenue of the Americas, unterwegs Richtung Central Park. Ihr elfjähriger Sohn, Peter, und die zwölfjährige Vanessa sitzen hinten im Wagen und starren aus dem Fenster auf das geschäftige Treiben der Millionenstadt.

»Ich hab garantiert, den Fall bis spätestens morgen Mittag aufgeklärt zu haben«, brummt Phil.

Die Ampel in der 54sten Straße springt auf Rot und der GLK hält in der Kolonne vor dem Hilton Midtown Hotel.

»Dieser ›Harrison-Fall‹ geht dir ganz schön auf die Nerven. So kenne ich dich überhaupt nicht«, sagt Fiona. »Jetzt freuen wir uns erst mal auf die Gustav-Klimt-Ausstellung in der Neuen Galerie. Ich liebe diese Bilder. Ein wahres Genie, dieser österreichische Maler.«

»Was ist denn passiert?«, fragt Peter gerade, als die Ampel auf Grün springt und Phil weiterfährt. »Worum geht es bei diesem ›Harrison-Fall‹?«

Für Peter ist sein Vater das große Vorbild. Für ihn steht fest: Auch er wird Privatdetektiv und steigt dann eines Tages bei ›Clinton & Partner‹ ein.

»Wenn ich nur wüsste, was da vorgestern passiert ist«, stöhnt Phil und holt tief Luft. »Dienstagabend gab Lady Harrison ihre jährliche Harrison-Charity.«

»Du sprichst von dieser Hausparty, bei der sich die Reichen treffen und deren Einnahmen für wohltätige Zwecke gespendet werden?«, fragt Vanessa nach.

»Ja, genau die«, antwortet ihr Vater. »Hausparty ist gut. Die Gräfin Ruth Harrison wohnt in einer Villa am Stadtrand von New Jersey. Eine Villa mit mehr als vierzig Zimmern und einem Garten, so groß wie drei Fußballfelder.«

»Und du hast bei diesem Treffen einen Auftrag übernommen?«, fragt Peter seinen Vater.

»Ich sollte ihr Brillant-Collier im Auge behalten. Ein Halsschmuckband, bestehend aus achtunddreißig fein geschliffenen Diamanten.«

»Das ist bestimmt viel Geld wert«, sagt Vanessa.

»Wem sagst du das?«, Van.

»Wurde das Schmuckband gestohlen?«, fragt Peter.

»Ja«, antwortet sein Vater. »Man hat es mir sozusagen vor der Nase geklaut.«

»Keine gute Werbung für ›Clinton & Partner‹.«

»Peter!«, weist Fiona ihren Sohn mit schroffer Stimme zurecht.

»Lass ihn, Fiona«, sagt Phil Clinton. »Er hat recht. Deshalb muss ich den Fall irgendwie klären. Irgendwie.«

Phil Clinton lenkt den Mercedes in den

Kreisverkehr am Südende des Central Parks. Peter bewundert die Statue von Christoph Kolumbus, die erhaben auf einer hohen Steinsäule thront und langsam an ihm vorbeizieht. Der Entdecker Amerikas fasziniert ihn, seit er das Buch über seine abenteuerlichen Seefahrten gelesen hat.

»Die Gräfin Harrison hatte scheinbar Angst, dass der wertvolle Schmuck gestohlen werden könnte.«

»Wie kommst du denn darauf?«, fragt Vanessa.

»Warum hätte sie sonst die Detektei einschalten sollen, um auf das teure Ding aufzupassen?«

»Schlauer Gedanke, Peter. Du bist eben mein Sohn. Du wirst mit Sicherheit mein würdiger Nachfolger bei ›Clinton & Partner‹. Du liegst auch völlig richtig mit deiner Vermutung.«

»Spann´ uns nicht so auf die Folter, Phil«, sagt Fiona Clinton. Obwohl sie sich weniger für die Detektivarbeit ihres Mannes interessiert, ist sie nun aber doch neugierig geworden.

»Ruth Harrison erhielt letzte Woche eine SMS«, erklärt Phil Clinton. »Von einem vorausbezahlten Mobiltelefon aus. Unterdrückte Nummer, der Absender also nicht zurückzuverfolgen.«

»Was stand in der Nachricht?«, fragt Peter ungeduldig. Der Detektiv in ihm ist jetzt voll erwacht.

»Ruth sollte innerhalb von drei Stunden fünfzigtausend Dollar in kleinen Scheinen hinterlegen, eingewickelt in einer Plastiktüte von ›Barnes & Noble‹ und im Mülleimer an der Ecke Fifth Avenue, 31te Straße deponiert.«

»Und wenn nicht?«, fragt Vanessa.

»Dann würde man ihr den weitaus wertvolleren Diamantschmuck stehlen.«

»Ziemlich heiße Diamanten«, meint Peter.

»Kannst du laut sagen«, erwidert sein Vater. »Aber da sind noch mehr Einzelheiten in dieser merkwürdigen Sache.«

»Wir hören«, sagt Fiona Clinton.

»Ruth Harris wollte das Brillant-Collier während der Feier überhaupt nicht tragen«, erklärt Phil Clinton weiter. »Erst um Mitternacht wollte sie es an den Meistbietenden versteigern. Der Erlös sollte dann für gute Zwecke gespendet werden ...«

»Aber wenn die Gräfin das Halsband nicht trägt, dann sehen es die Gäste auch nicht«, sagt Peter. »Wofür sollen sie dann einen hohen Betrag spenden?«

»Eben. Deshalb ließ Ruth Harris den teuren Schmuck von ihrer Freundin, Samantha Hillerman, tragen.«

»Clevere Idee«, sagt Peter. »Auf diese Weise sieht jeder die Brillanten, niemand hält das Schmuckstück aber für das Eigentum der Gräfin.«

»Dachte ich auch. Aber da lag ich falsch, Peter.«

»Was geschah dann?«, wollte Vanessa wissen.

Der GLK verlässt den Kreisverkehr Richtung 8e Straße.

»Natürlich behielt ich Samantha Hillerman jede Sekunde im Auge«, berichtet Peters Vater weiter. »Ich bemerkte keine besonderen Vorkommnisse. Doch dann plötzlich - kurz vor elf Uhr - fühlte sich Samantha nicht wohl. Sie ging nach oben in eines der Gästezimmer und legte sich hin, um ein paar Minuten auszuruhen.«

»Hast du das Zimmer vorher durchsucht?«, fragt Peter.

»Wozu denn das?«, fällt ihm Vanessa ins Wort.

»In einem Zimmer kann man sich leicht verstecken, Van. Gut möglich, dass jemand das Schmuckband kannte, obwohl Samantha es trug.«

»Natürlich habe ich das Gästezimmer vorher durchsucht«, erklärt Phil Clinton. »Niemand befand sich darin. Samantha legte sich hin, ich schloss die Tür von außen ab, dann hielt ich auf der großen Gartenterrasse Wache. Minuten vergingen. Zehn, vielleicht fünfzehn ...«

»Und dann?« Peters Gedanken rasen vor Neugier.

»Dann ist es passiert«, sagt Phil Clinton, während er den Mercedes zwischen zwei gelben Taxis auf die vierspurige Avenue hindurchlenkt.

»Wie?«, drängt Vanessa ihren Vater aufgeregt.

»Ich hörte Samantha plötzlich schreien. Unmittelbar darauf fielen zwei Schüsse. Ich rief Samanthas Namen, aber sie antwortete nicht. Ich schloss die Zimmertür auf. Samantha Hillerman lag auf dem Bett und bewegte sich nicht.«

Vanessa reißt betroffen die Augen auf. »Hat man sie ...«

»Sie war ohnmächtig, Van.«

»Und der Diamantschmuck weg«, sagt Peter.

»Leider, ja.«

»Hat Samantha etwas gesehen?«, fragt Peter und beugt sich gespannt zwischen die Vordersitze vor.

Phil Clinton schüttelt den Kopf. »Als sie zu sich kam, wusste sie von nichts. Die ganze Sache ging zu schnell. Samantha hat nichts gehört und ist in Ohnmacht gefallen, bevor sie den Dieb sehen konnte. Der Kerl muss durch die Balkontür gekommen und auch wieder geflohen sein.«

»Sonst nichts?«, fragt Peter nachdenklich.

»Keine Spuren, nichts Verdächtiges?«

»Doch«, sagt sein Vater und schlängelt sich zwischen den anderen Autos vorwärts. »In der Wand über dem Kopfteil des Bettes steckten zwei Kugeln. Samantha hatte großes Glück, dass sie nicht verletzt oder gar tödlich getroffen wurde.«

Es wird still im Wagen. Jedem ist klar, dass Samantha Hillerman das Schlimmste hätte zustoßen können.

Peter ist der Erste, der seine Fassung wieder findet. »Blieb Samantha allein im Gästezimmer, nachdem du die Tür aufgeschlossen hattest?«

Phil Clinton blickt erstaunt in den inneren Rückspiegel. Mit dieser Frage hat er nicht gerechnet. Er zögert mit seiner Antwort. »Lass mich kurz nachdenken. Ich ließ Samantha nicht allein. Ruth Harrison kam nach oben gelaufen. Gleich, nachdem sie den Krach gehört hatte. Wenige Minuten später traf der Arzt ein. Er brachte Samantha zur Sicherheit ins Prespiterian Krankenhaus. Dort kümmerte er sich ständig um sie.«

»Ins Krankenhaus, die Arme«, schüttelt Fiona Clinton mitleidig den Kopf. »Sie muss einen fürchterlichen Schock erlitten haben.«

»Nennen wir es so: Der Überfall hat sie ziemlich durcheinandergebracht«, sagt Phil Clinton.

»Doktor Brian hat ihr völlige Ruhe verordnet. Bis morgen muss sie das Krankenbett hüten.«

Von draußen dringt das ständige Hupen der drängelnden Autofahrer herein.

»Dann sollten wir keine Zeit mehr verlieren! Schnell, Dad!«

»Was ...?« Phil Clinton versteht nicht, was Peter will.

»Schnell, nach New Jersey. Zur Harrison-Villa.«

»Wieso das denn?«, fragt Fiona verständnislos.

»Wir müssen Samanthas Gästezimmer durchsuchen, ehe sie aus dem Krankenhaus entlassen wird.«

»Durchsuchen? Wonach denn?«, ist Phil Clinton verwundert.

»Nach dem Brillant-Collier und der Pistole«, antwortet Peter.

Fiona Clinton blickt ihren Sohn ungläubig an. »Denkst du vielleicht, ein Dieb wäre so dumm, den Halsschmuck und die Pistole zurückzulassen?«

»Samantha blieb überhaupt nichts anderes übrig«, erklärt Peter ruhig.

»Sam... Samantha«, runzelt sein Vater die Stirn.

Ein Taxi hupt, und zischt nur wenige Zentimeter neben dem GLK vorbei. Von Peters Aussage abgelenkt, zieht Phil Clinton den Wagen ruckartig nach links. »Du meinst, Samantha selbst hat das wertvolle Schmuckstück gestohlen?«

Peter nickt. »Die Sachlage ist doch ganz einfach ...«

»Ich höre, Mr. Detektiv.«

»Zuerst hat Samantha per SMS versucht, ihrer Freundin, der Gräfin Harrison, fünfzigtausend Dollar abzuknöpfen ...«

»Der Plan schlug aber fehl«, führt sein Vater Peters Gedanken weiter.

»Richtig. Ruth Harrison deponierte kein Geld im Mülleimer. Stattdessen beauftragte sie dich.«

»Und das brachte Samantha zu Plan B«, sagt Vanessa.

»Exakt«, gibt Peter seiner Schwester recht. »Zweifellos eingeschüchtert durch die Drohung per SMS, hat Ruth die Nachricht ihrer engsten Freundin, Samantha Hillerman, bestimmt gezeigt. Und das wiederum brachte Samantha auf die Idee, die Diamantenkette bei der Feier anstelle von Ruth zu tragen. Natürlich hatte die Gräfin nichts dagegen, denn diese Idee bot ihr Sicherheit.«

»Dein Plan hinkt«, unterbricht Phil Peter. »Stell dir bitte vor, wie schnell sie hätte handeln müssen.

Samantha hätte das Halsband und die Pistole nach den beiden Schüssen verstecken müssen - sekundenschnell. Sie musste damit rechnen, dass ich sofort die Tür aufschließe und zur Stelle bin«, wendet er ein.

»Samantha hat das Schmuckband schon vor den Schüssen versteckt«, sagt Peter.

»Na schön«, erwidert Phil Clinton, blinkt und biegt links ab in die 83ste Straße West. »Wenn du recht hast, sind der Schmuck und die Pistole noch im Gästezimmer. Wir werden jeden Winkel durchsuchen.«

Rund drei Stunden später hatten sie das Zimmer in der Villa Harrison in New Jersey durchsucht.

»Ich bin stolz auf dich, Peter«, sagt Phil Clinton anerkennend als er Pistole und Brillantschmuck in den Händen hält.

Der Übertopf einer Zimmerpalme hatte als Versteck gedient.

»So, nun freue ich mich aber wirklich auf die Bilder in der Neuen Galerie«, sagt Fiona.

»Samantha wird sich wundern, nun verlässt sie das Krankenhaus nicht als reiche Frau«, meint Peter.

Vanessa lacht. »Geschieht ihr recht! Die beste

Freundin zu bestehlen!«

»Der Schock wird ihr durch Mark und Bein fahren«, freut sich Phil Clinton. »Sie denkt ja immer noch, nur in das Gästezimmer gehen und ihre Beute abholen zu müssen.«

»Um ein Haar wäre ihr Plan auch aufgegangen«, sagt Peter. »Aber manchmal reicht eben schon der kleinste Fehler, um aufzufliegen.«

»So ist es«, nickt Phil Clinton. »Und die Detektei hat ihren Auftrag wie erwartet perfekt ausgeführt.«

Du bist dran:

Wahr oder falsch?
Und wodurch hat sich Samantha Hillerman verraten?

DAS VERHÖR

Ich bin Harry Cooper, Detektiv.

Zusammen mit meinem Kollegen und besten Freund Cosmo Carboni sitze ich im Büro unseres Chefs, Mr. White.

Dieser Mittwoch war erst unser dritter Arbeitstag in der Abteilung für Raubüberfälle. Der Tag sollte es in sich haben. Um neun Uhr morgens wussten wir das aber noch nicht.

»Profi-Verbrecher sind oft geschickte Lügner in einem Verhör«, sagte Mr. White. »Dennoch müsst ihr die Regeln für eine Vernehmung einhalten, verstanden?«

Cosmo und ich nickten.

»Ein Verdächtiger darf nicht geschlagen werden, es dürfen keine Beweise erfunden oder Lügen erzählt werden.«

»Wir sind auch Profis«, sagte ich. »Wir kennen da ein paar legale Tricks, um an die Wahrheit zu kommen. Glauben Sie uns, Mr. White.«

»Auf uns können Sie sich verlassen«, ergänzte Cosmo. »Wir bringen jeden zum Reden und kommen hinter die Wahrheit.«

»Ich bin gespannt.«

Mr. White lehnte sich hinter seinem massiven Holzschreibtisch zurück und warf sich ein Pfefferminzbonbon in den Mund.

»Machen wir es kurz«, sagte Cosmo. »Die beiden sind schuldig, aber wir können es nicht beweisen.«

»Erzählt mir der Reihe nach, was ihr rausgefunden habt«, bat Mr. White. »Vielleicht kann ich euch helfen. Ihr habt also zwei Männer verhaftet, die verdächtigt werden, Diebstähle in Schmuckgeschäften begangen zu haben. Bin ich da auf dem Laufenden?«

»Stimmt«, bestätigte ich. »Ganze sieben Wochen waren wir hinter den beiden her. Es schien, als hätten wir es mit echten Profis zu tun.«

»Woraus schließt ihr das?«

»Sie gingen immer nach dem gleichen Schema vor«, erklärte Cosmo. »Sie betraten die Schmuckgeschäfte und ließen sich wertvolle Ringe und Armbänder zeigen. Die Verkäufer waren so sehr damit beschäftigt, die Schmuckstücke anzupreisen, dass sie nicht mehr bemerkten, was sich im Geschäft sonst noch tat.«

»Und es tat sich was?«, fragte Mr. White und hob neugierig eine Augenbraue.

»Natürlich«, antwortete ich.

»Du meinst die Frau?«

Ich nickte. »Die Schwarzhaarige betrat den Juwelierladen mit den beiden Männern. Sie sah sich unverdächtig um, während sich die beiden vom Verkäufer Ringe und Halsketten zeigen ließen. Doch in Wahrheit stahl sie geschickt Brillantarmbänder und goldene Ohrringe aus dem Schaufenster und den Vitrinen.«

»Es gibt Alarmanlagen«, sagte Mr. White.

»In einem Geschäft gelang es den Gangstern, diese auszuschalten. Eben Profis«, antwortete Cosmo. »In einigen Fällen wurden die Diebstähle erst abends bei Geschäftsschluss entdeckt, manchmal sogar erst am nächsten Tag.«

»Irgendwelche Anhaltspunkte?«, fragte Mr. White.

»Ja, Täterbeschreibungen«, sagte ich. »Der eine war klein, dicklich und hatte große abstehende Ohren. Sein Komplize hingegen war groß, wirkte schlaksig und hatte feines glänzendes Haar. Wir tauften die beiden Tom und Jerry nach den beiden

Zeichentrickfiguren Katz und Maus, an die uns die Beschreibungen erinnern.«

Mr. White lachte. »Habt ihr dem Verkäufer Fotos der in Toronto amtsbekannten Schmuckdiebe gezeigt?«

»Klar«, erwiderte Cosmo. »Aber unsere Drei sind nicht aus der Stadt. Zuerst tappten wir im Dunkeln, aber dann spielte uns das Glück in die Hände.«

»Ich höre«, wurde Mr. White neugierig.

»In der inneren Stadt wurden ein hagerer Kerl und eine schwarzhaarige Frau verhaftet«, erklärte ich. »Verdacht auf Diebstahl. Mangels Beweisen mussten wir sie laufen lassen, aber ...«

Cosmo blickte mich abwartend an.

»Raus mit der Sprache«, brach Mr. White das Schweigen. »Ich steh hinter euch, egal wie ihr es angestellt habt.«

»Einer der Polizisten fand bei der Verhaftung ein Foto der beiden - in der Handtasche der Frau«, sagte ich. »Als wir sie freilassen mussten, vergaßen wir, ihnen das Foto zurückzugeben.«

»Manchmal passieren eben Fehler«, meinte Mr. White locker. »Ihr habt das Foto natürlich dem Verkäufer gezeigt?«

»Selbstverständlich«, nickte Cosmo. »Er hat die Diebe sofort wiedererkannt. Ohne Zweifel. Aber nachweisen konnten wir ihnen nichts.«

»Schließlich hat niemand beobachtet, wie sie den Schmuck entwendet haben«, sagte ich. Sie hatten kein einziges Schmuckstück bei sich, keine Fingerabdrücke auf den Vitrinen.«

»Ihr habt die Bande seither beschattet?«

»Klar«, bestätigte Cosmo. »Aber manche Juweliere sind und bleiben unvorsichtig. Und man kann niemanden rund um die Uhr im Auge behalten.«

»Was ist passiert?«, wollte Mr. White genau wissen.

»Vergangenen Mittwoch wurden drei weitere Diebstähle gemeldet«, sagte ich. »Eine uniformierte Streife beobachtete Tom und Jerry, wie sie in einem schwarzen Ford Richtung Westen stadtauswärts fuhren. Sie nahmen beide fest. Die Kerle bestritten, etwas mit den Diebstählen zu tun zu haben. Wieder hatten sie keine Beute bei sich.«

»Habt ihr die Wohnung der beiden durchsucht?«

»Sie verschwiegen uns ihren Wohnort«, sagte ich. »Doch wir hatten etwas Interessantes in Jerrys Jackentasche gefunden ...«

Mr. White beugte sich neugierig vor.

»Drei Schlüssel, ein Stück Papier mit der Aufschrift „Zimmer 211" und eine schlecht zu lesende

Telefonnummer.«

»Unsere Superschnüffler versuchten sofort, aufgrund der Telefonnummer das Hotel ausfindig zu machen«, sagte Cosmo. »Wir sahen uns den Ford genauer an und ...«

»Und habt noch etwas gefunden?«, wurde Mr. White noch gespannter.

Cosmo und ich nickten gleichzeitig.

»Einen Parkschein, der drei Nächte zuvor ausgestellt worden war«, berichtete Cosmo. »Wir fuhren zu der Straße, in der dieser Parkschein ausgestellt worden war.«

»Nicht gerade eine heiße Spur«, merkte Mr. White an.

»Auf den ersten Blick nicht«, erwiderte ich. »Wir suchten in dieser Straße nach einer Tür, die zu Jerrys Schlüssel passte.«

»Clever«, sagte Mr. White anerkennend.

»Und es klappte«, sagte Cosmo. »Wir fanden ein Haus, in dem Zimmer vermietet wurden. Der Hausmeister erkannte Jerry auf dem Foto sofort wieder.«

»Wir durchsuchten das Zimmer, fanden aber keinen Schmuck«, ergänzte ich. »Die Kerle sind wirklich Profis. Uns war klar, dass sie die Beute an einem sicheren Ort verstecken würden.«

»Unsere Schnüffler fanden auch das Hotel, in dem Tom wohnte«, sagte Cosmo.

»Ich rate«, fiel ihm Mr. White ins Wort, »auch dort keine Spur von Beute.«

»Exakt. Kein Schmuck, keine Frau«, antwortete ich. »Scheint, als ließe unsere schwarzhaarige Schönheit das Diebesgut verschwinden.«

»Wir entschieden uns für Gegenüberstellungen«, sagte Cosmo. »Drei Juweliere identifizierten Tom und Jerry.«

»Diese Indizien halten vor Gericht niemals Stand«, seufzte Mr. White, stand auf und goss sich einen Schluck Eiswasser in ein Glas ein. »Tom und Jerry waren in den Geschäften, ja. Aber wir können nicht beweisen, dass sie Schmuck gestohlen haben. Ihr müsst unbedingt die Beute finden.«

»Wir haben die beiden über zehn Stunden lang befragt«, erwiderte ich. »Eisernes Schweigen. Morgen früh müssen wir sie freilassen. Dann war alle Mühe umsonst.«

»Habt ihr sie einzeln verhört?«, fragte Mr. White und trank einen Schluck.

»Ja«, antwortete ich. »Wir ließen ihnen keine Chance, ihre Aussagen abzusprechen. Wir hoffen nach wie vor, dass sie sich in Widersprüche verstricken, aber ...«

»... aber diese ausgebufften Profis wissen genau, wie weit wir bei Verhören gehen dürfen«, führte Mr. White den Satz zu Ende. »Vielleicht ist es an der Zeit, dass wir unsere Grenzen verschieben ...«

Cosmo und ich sahen uns verwirrt an.

»Wie ... Wie meinen Sie das, Sir?«, fragte Cosmo vorsichtig.

»Führen wir bewusst einen Zufall herbei«, meinte Mr. White und grinste dabei verschmitzt.

»Ich verstehe«, sagte ich. »Ich hätte da auch eine Idee.«

»Ach ja?«, meinte Mr. White gespielt neugierig. »Was für ein Zufall. Ich höre.«

»Wir stecken die beiden in gegenüberliegende Zellen und in eine daneben einen unserer Maulwürfe. Reden die beiden miteinander, könnten wir so jedes Wort belauschen.«

»Auf jeden Fall einen Versuch wert«, unterstützte Cosmo meinen Vorschlag.

»Es ist ein Trick, aber nicht verboten«, sagte Mr. White.

»Aber es ist verboten, Schmuck und Juwelen um tausende Dollar zu stehlen«, sagte Cosmo.

»Genau«, antwortete Mr. White. »Plan ausführen!«

Cosmo und ich hatten die Rolle der Maulwürfe selbst übernommen. Vor dem Eintreffen von Tom und Jerry von Kollegen unauffällig in die Zelle neben Tom geschmuggelt, hockten wir still auf dem harten Holzbett und lauschten mit gezückten Notizblöcken.

Mehr als drei Stunden waren verstrichen. Nichts tat sich. Die beiden sprachen kein Wort miteinander.

Cosmo und ich kämpften bereits mit unseren schweren Augenlidern, als uns Toms raue Stimme plötzlich hellwach aufhorchen ließ.

»Die haben nicht einen Beweis gegen uns in der Tasche.«

»Morgen bei der Anhörung schlagen wir ihnen eine Kaution vor, ehe diese lästigen Bullenkerle was über unsere Straftaten in Ontario rausfinden«, flüsterte Jerry über den schmalen Gang hinüber zurück. »Wir zahlen ein paar Hunderter, dann müssen sie uns laufen lassen.«

»Gute Idee«, gab Tom leise zurück. »Lieber ein paar Scheine los, als sie finden den Schmuck und wir wandern jahrelang hinter Gitter.«

»Du bist also sicher, sie finden die Beute nicht«, fragte Jerry kaum hörbar.»Wo hast du sie denn überhaupt versteckt?«

Cosmo und ich sprangen gleichzeitig auf. Vorsichtig traten wir an die Zellentür heran und lauschten mit angehaltenem Atem nach draußen auf den Gang.

»Der Schmuck ist im Hotelzimmer, hinter der Wand im Schrank«, wisperte Tom.

Plötzlich herrschte Stille. Die beiden sagten kein Wort mehr. Hatten sie uns gehört? Schatten von uns gesehen?

Nichts.

Doch dann ...

Jerry war wieder leise zu hören. »Warum haben die uns in Nachbarzellen gesetzt? Haben sie Wanzen installiert, um uns zu belauschen?«

Tom blickte sich in seiner Zelle um. »Niemals. Die sind nicht sonderlich schlau.«

Cosmo und ich nickten nur wortlos.

»Noch drei Stunden bis zum Morgengrauen«, sagte ich zu Cosmo. »Bis dahin müssen wir den Schmuck gefunden haben, sonst lässt das Gericht die beiden gegen Kaution frei und sie tauchen für immer unter.«

»Und wir stehen als Blindgänger da«, sagte Cosmo.

»Also nichts wie rein da!«, trieb ich uns vorwärts.

Wir betraten das Hotel ›Astoria‹ und der Nachtportier an der Rezeption klingelte den Direktor aus dem Bett. Fünf Minuten später stand der Mann im Morgenmantel und mit zerzaustem Haar vor uns.

»Verzeihung, dass wir Sie mitten in der Nacht belästigen«, entschuldigte uns Cosmo.

»Ihr wart doch heute Nachmittag schon mal da und habt ein Zimmer durchsucht«, murrte der Hoteldirektor schläfrig. »Ihr habt nichts gefunden. Was ist noch?«

»Wir müssen davon ausgehen, dass sich die gesuchte Diebsbeute hinter der Wand im Schrank befindet«, erklärte ich kurz und bündig. »Was befindet sich hinter dieser Wand?«

Der Direktor fuhr sich mit der Hand nachdenklich durch sein wirres Haar. »Das Hotel wird durch eine Feuermauer in zwei Teile getrennt«, erklärte er. »Feuerpolizeiliche Bestimmung.«

»Was befindet sich auf der dahinter liegenden Seite?«, fragte ich.

»Weitere Hotelzimmer«, antwortete der Direktor und gähnte.

»Aber wie hätte er dort etwas verstecken können?«, meinte Cosmo.

»Indem er das Zimmer auf der anderen Seite der Feuerwand ebenfalls mietet«, sagte ich.«

»Hat er das getan?«, fragte Cosmo den Hoteldirektor.

Der Direktor schüttelte den Kopf. »Zimmer 211. Sonst hat er nichts reserviert.«

»Sind der Mann oder die Frau irgendwann einmal in den anderen Hoteltrakt gegangen?«, fragte ich nach.

Die nächsten Worte des Hotelleiters bohrten sich wie spitze Nadeln in uns hinein. »Welche Frau?«

Praktisch gleichzeitig läuteten bei Cosmo und mir die Alarmglocken.

»Der Verdächtige mietete Nr. 211«, wiederholte Cosmo. »Und er war in Begleitung einer schwarzhaarigen Frau.«

»Tut mir leid, wenn ich euch enttäuschen muss, aber er war allein.«

Ich kramte das Foto aus meiner Jackentasche. »Sie haben diese Frau also noch niemals gesehen?«

Er blickte auf das Bild. »Selbstverständlich habe ich diese Frau gesehen.«

»Eben noch haben Sie gesagt, der Kerl von 211 sei allein gewesen«, sagte Cosmo, dem allmählich die Geduld verloren ging.

»Absolut korrekt«, erwiderte der Direktor. »Diese Dame kam erst gestern an. Sie mietete ein Zimmer in der anderen Hälfte unseres Hotels. Zimmer 210, wenn ich mich nicht irre.«

»Mist!«, fluchte Cosmo. »Das hätten Sie uns schon heute Nachmittag sagen können!«

»Ihr habt mich nicht danach gefragt«, verteidigte sich der Hotelleiter ärgerlich.

»Keine Ursache«, versuchte ich zu glätten. »Bringen Sie uns jetzt zu Zimmer 210.«

»Ich bitte euch! Knapp vier Uhr morgens. Die Frau schläft garantiert noch.«

»Sie wird schnell wacher sein, als ihr lieb ist«, sagte Cosmo. »Los!«

Wir hatten die Schwarzhaarige, sie hieß Gloria, rasch geweckt. Um sieben Uhr saß sie auf der Polizeiwache zum Verhör. Unsere Kollegen kümmerten sich um sie.

Cosmo und ich waren zum Hotel zurückgefahren und durchsuchten Zimmer 210. Zentimeter für Zentimeter nahmen wir den Raum auseinander. Wenn hier Beute zu finden war, würden wir sie finden.

Die Zeit drängte. Ich nahm gerade die Couch vor dem Kamin unter die Lupe, als mir eines der

Kissen auffiel. Es war anders gefaltet als die übrigen Polster.

Und dann stieß ich auf eine wahre Goldader, auf Diamanten und Silber. Wir fanden Ringe, Uhren und Armbänder im Wert von 5000 Dollar.

Jetzt musste alles schnell gehen!

Wir sprangen in unseren Wagen, fuhren zu Howard's Credit Jewellers und legten dem Juwelier die Fundstücke vor.

»Kein Zweifel, diese Schmuckstücke sind mein Eigentum«, bestätigte er uns.

»Irrtum ausgeschlossen?«, hakte ich nach.

»Völlig ausgeschlossen.«

»Dann beeilen Sie sich. Wir müssen in zehn Minuten am Revier sein!«

Als wir eintrafen, saß Jerry auf der Anklagebank im Gerichtssaal. Ein selbstgefälliges Lächeln lag auf seinem Gesicht. Selbst, als ich in den Zeugenstand trat und die Fragen des Richters beantwortete, blickte er unbeeindruckt auf uns herab.

»Haben Sie Beweisstücke gefunden?«, fragte der Richter.

Cosmo und ich blickten den beiden Gaunern tief in die Augen.

»Ja, Euer Ehren«, sagte ich dann laut und

deutlich. »Agent Carboni und ich haben Schmuck im Wert von 5000 Dollar sichergestellt.«

Augenblicklich wich das selbstgefällige Grinsen aus den Gesichtern von Tom und Jerry.

Der Richter notierte etwas, sah die beiden dann an und sagte: »Sie werden sich wegen Schmuckdiebstahls vor Gericht verantworten müssen. Freilassung auf Kaution wird abgelehnt.«

Wumm! Er schlug mit seinem Holzhammer auf den Richtertisch.

Draußen vor dem Gerichtssaal erwartete uns Mr. White. »Wie wär's mit einem gemeinsamen Mittagessen? Auf meine Kosten versteht sich?«

»Ein Tag Urlaub mit Schlaf wäre mir lieber«, sagte ich scherzhaft.

»Gratuliere zum listenreichen Plan«, sagte Mr. White anerkennend. »Da sagt man immer ›Ehrlich währt am längsten‹.«

»Irren ist eben menschlich«, meinte Cosmo und öffnete die Tür zum Restaurant.

Du bist dran:

Wahr oder falsch?
Hat sich diese Geschichte jemals zugetragen?

DER DRITTE MANN

Berlin, 8. April 2001

»Wer hat ihn gefunden?«, fragt Kommissar Jens Köller, als er am Tatort ankommt.

Normalerweise ist es um diese nächtliche Zeit, gegen zwei Uhr morgens, eher still und menschenleer in der U-Bahn-Station Residenzstraße der Linie 8.

Aber nicht so heute.

An diesem 8. April ist die unterirdische Bahnstation ein belebter Schauplatz. Zivile Polizisten, uniformierte Beamte und Leute der Spurensicherung - in weiße Overalls gekleidet - sind eifrig bei der Arbeit.

Keiner von ihnen kann wirklich glauben, was hier passiert zu sein scheint.

Ein paar schaulustige Nachtschwärmer wollen um jeden Preis einen Blick auf das ungewöhnliche

Geschehen erhaschen. Das gelbe Absperrband mit der Aufschrift ›Polizei - Stopp‹ spannt sich um zwei der prunkvollen Säulen, die mit bunten Mosaikfliesen kunstvoll verziert sind. Aufgeregte Stimmen hallen von den Fliesenwänden zurück. Das Entsetzen, das diese fürchterliche Schandtat in den Anwesenden auslöst, liegt förmlich in der Luft.

»Ich will wissen, wer ihn gefunden hat, umgehend«, ruft Kommissar Köller in Richtung seiner Leute. »Inspektor Oppner - Bericht bitte ...«

Inspektor Frank Oppner ist ein diensteifriger Mann, sportlich schlank und trägt lässig eine Jeansjacke. »Hier drüben, Jens. Der Tote liegt hinter der vierten Säule.«

Kommissar Köller folgt Frank Oppner. Sie steigen über das Absperrband. Hinter der vierten Steinsäule gehen sie in die Hocke und Inspektor Oppner hebt ein weißes Tuch vom Boden hoch.

»Mark Landau«, sagt Kommissar Köller mit einem kurzen Blick in das starre Gesicht des vor ihm liegenden Mannes.

»Sie kennen das Opfer?«, fragt Oppner überrascht.

»Kein unbeschriebenes Blatt«, antwortet der Kommissar trocken. »Aber nur Kleinigkeiten:

Taschendiebstahl, Pöbelei, Ruhestörung ... Nicht der Rede wert.«

»Scheint, als wäre Landau diesmal an die falsche Adresse geraten«, meint Inspektor Oppner und lässt das weiße Laken wieder los.

»Was meinen Sie, Oppner, was ist hier passiert?«

Der Inspektor reibt sich nachdenklich das Kinn. Schließlich rückt er mit seiner Theorie heraus. »Er hat eine Delle am Hinterkopf - und eine Platzwunde ...«

»Demnach hat ihm jemand mit einem Gegenstand auf den Kopf geschlagen«, spekuliert Kommissar Köller.

»Das dachten wir zuerst auch«, schüttelt Oppner den Kopf.

»Aber?«

»Landau hat ein paar Schrammen in seinem Narbengesicht, Kratzer und gerötete Hautstellen an seinem Hals. Ich tippe auf einen Streit, einen Raufkampf mit seinem Gegner. Dabei ist er gestürzt, fiel auf den Hinterkopf und starb an der Verletzung, die er sich durch den Sturz zugezogen hat.«

Frank Oppner greift in seine Jackentasche, holt einen kleinen Gegenstand heraus und zeigt ihn Köller.

»Was ist damit?« Kommissar Köller betrachtet den goldenen Ring, der mit vielen bunten, fein geschliffenen Edelsteinen besetzt ist.

»Den haben wir bei Landau gefunden«, erklärt Inspektor Oppner. »Er hatte das wertvolle Kunstwerk in seiner Hosentasche. Zweifellos erlesene Handarbeit. So was sieht man nicht alle Tage.«

»Ich versteh nicht ganz, worauf Sie hinaus wollen, Inspektor?«

»Erinnern Sie sich an den Überfall auf den Juwelier in der Hansenstraße? Rund einen Monat ist es her.«

Allmählich dämmert dem Kommissar, was Inspektor Oppner denkt und bei ihm klingeln die Alarmglocken. »Haben Sie die Liste der gestohlenen Juwelen eingesehen, Oppner?«

Frank Oppner nickt. »Hab ich.«

»Und?«

»Volltreffer. Der Juwelenring wurde damals gestohlen.

Kommissar Köller betrachtet den außergewöhnlichen Ring eingehend. Noch nie hat er ein so fein gearbeitetes Schmuckstück gesehen. »Interessant«, sagt er. »Wirklich interessant.«

Die beiden Polizisten erheben sich und verlassen den Bereich hinter dem Absperrband.

»Rufen Sie gleich in der Hansenstraße an, Oppner«, sagt Kommissar Köller.

»Übliche Vorgangsweise?«, vergewissert sich Inspektor Oppner.

»Ja. Um neun Uhr in meinem Büro. Geben Sie keinerlei nähere Auskünfte am Telefon, verstanden!«

»Verstanden, Chef.«

Dann wählt Inspektor Oppner die Nummer des Juweliers in der Hansenstraße - trotz der frühmorgendlichen Stunde.

Punkt neun Uhr am darauf folgenden Tag, sitzt der Juwelier Viktor Barns vor dem Schreibtisch in Kommissar Köllers Büro.

»Das wird ein böses Nachspiel für Sie haben, Herr Köller«, beschwert sich Viktor. Der übergewichtige, korrekt im grauen Anzug und mit Seidenkrawatte gekleidete Mann mit grauer Stoppelfrisur ist empört über die Vorladung der Polizei.

»Wirklich?«, bleibt Kommissar Köller gelassen. »Es ist doch in Ihrem Sinne, wenn wir den Überfall auf Sie schnellstens aufklären?«

»Natürlich«, antwortet Viktor Barns knapp. »Aber deshalb brauchen Sie mich nicht hierher bestellen und mich zwingen, meinen

Laden geschlossen zu halten. Wer bezahlt mir den Verdienstentgang?«

Kommissar Köller ist wenig beeindruckt von diesen Worten. Derartige Drohungen hört er fast jede Woche mehrmals. Stattdessen öffnet er die Schublade seines Schreibtisches, zieht ein Foto heraus und legt es Viktor Barns vor.

»Was soll das?«, fragt Viktor schroff. Er wirft nicht einmal einen Blick auf das Bild.

»Kennen Sie diesen Mann auf dem Foto?« Kommissar Köller bleibt dienstlich ruhig, während er spricht.

Viktor zögert, dann sieht er sich das Foto doch für einen Augenblick lang an.

»Und?«

Viktor Barns nickt. »Ja. Das ist einer der beiden Gauner. Zweifel ausgeschlossen - die Narben in seinem Gesicht.«

»Gut. Dann nehmen wir Ihre Aussage schriftlich in einem Protokoll auf.«

»Ich muss zurück in mein Geschäft«, drängt Viktor Barns.

»Selbstverständlich«, antwortet Kommissar Köller. »Nach dem Protokoll. Und nach der Aufzeichnung ...«

»Nach der Aufzeichnung?« Viktor Barns blickt

nervös auf seine Rolex-Armbanduhr.

»Sehen Sie sich die Bilder zur Sicherheit noch einmal an, die von der versteckten Kamera in Ihrem Laden während des Überfalls gemacht wurden.« Kommissar Köller schiebt die DVD in das Abspielgerät. Auf dem TV-Monitor an der Wand flackert das Bild vom Juwelierladen Barns auf.

Zu sehen ist Viktor, wie er mit einem imprägnierten Silberputztuch einen Goldring poliert. Karin Jellek ist gerade dabei, die neue Uhrenkollektion von Seiko in einer Vitrine anzuordnen.

Plötzlich fliegt die Ladentür auf und zwei Männer mit schwarzen Wollmasken über dem Gesicht stürzen herein. Sie tragen Jeans und Lederhandschuhe.

»Hände hoch und keine Bewegung!«, hört man einen der Kerle gedämpft rufen. Er richtet eine Pistole auf Viktor, der vor Schreck die Augen aufreißt.

Die nächsten zwei Minuten laufen wie im Zeitraffer ab. Alles geht blitzschnell. Die beiden Diebe grapschen, was sie an Schmuck und Wertgegenständen in die Finger kriegen, stopfen die Beute in einen Rucksack und fliehen ohne ein weiteres Wort schneller, als sie gekommen waren. Zurück bleiben Viktor Barns, der sofort den Alarmknopf unter dem Verkaufstresen drückt und Karin Jellek, die vor

Schreck kaum einen Atemzug zustande bringt.

»Beute im Wert von fast 100.000 Euro«, knurrt Viktor verärgert, als er die Bilder nochmals ansehen muss.

»Ein ungewöhnlich erfolgreicher Raubzug«, sagt Kommissar Köller und blickt Viktor dabei an, der mürrisch auf den Monitor starrt.

»Der Kleinere der beiden, das ist der, den Sie in der U-Bahn-Station gefunden haben«, meint Viktor schließlich. »Kein Zweifel.«

Inspektor Oppner tritt ein und legt Viktor das Protokoll zur Unterschrift vor. Viktor überfliegt das Schriftstück, murmelt ein paar unverständliche Worte und unterschreibt. »Kann ich jetzt gehen?«

»Sie können«, antwortet Kommissar Köller.

Die beiden Polizeibeamten warten, bis Viktor das Büro verlassen hat. Dann legt Inspektor Oppner seinem Chef den Bericht der Spurensicherung vor. »Damit haben wir auf jeden Fall einmal den Überfall auf das Juwelierhaus Barns geklärt«, sagt Oppner.

»Details, Oppner«, verlangt Jens Köller.

»Wir haben in der Wohnung von Mark Landau eine Reihe von Fingerabdrücken gefunden. Von ihm selbst natürlich, aber auch von ... Drei Mal dürfen Sie raten!«

Kommissar Köller nickt zufrieden. »Von Baldur Greipel.«

»Die beiden haben früher schon krumme Dinger gedreht - zusammen. Auch Überfälle«, erklärt Frank Oppner. »Vermutlich ist Greipel der zweite Einbrecher gewesen.«

»Sofort Fahndung nach ihm einleiten«, sagt Köller.

»Ist bereits in Gang. Wir haben seine Adresse. Unsere Leute bringen ihn jeden Moment ...«

Ein Polizist steckt den Kopf zur Tür herein und unterbricht Frank Oppner.

»Was gibt's Hansen?«, fragt Jens Köller.

»Hoffer und Angerer sind zurück, Chef. Sie haben Baldur Greipel dabei.«

»Herein mit ihm!«

»Das ging ja flux«, bemerkt Oppner.

Minuten später sitzt Baldur Greipel Jens Köller am Schreibtisch gegenüber. Baldur Greipel ist ein etwas rundlicher Mann um die Fünfzig und mit blondem Scheitel.

»Was wollen Sie von mir?«, fragt Greipel mit rauer Stimme.

»Ihnen einen interessanten Film zeigen«, sagt Kommissar Köller dienstlich ernst. Ruhig und gelassen drückt er den Startknopf auf dem

DVD-Player.

Die ersten Bilder erscheinen auf dem Monitor. Die Ladentür fliegt auf, zwei Maskierte stürzen herein ...

Es dauert keine dreißig Sekunden, da wird Baldur Greipel sichtlich schweigsam.

»Die Bilder scheinen Ihnen bekannt vorzukommen«, sagt Köller.

Baldur Greipel schüttelt stumm den Kopf.

»Vielleicht überzeugt Sie ja das«, sagt Frank Oppner und beugt sich an Greipels Ohr. »Dein Komplize, Mark Landau ... Er ist tot.«

Baldur Greipel scheint plötzlich verwirrt zu sein. Hastig blickt er zwischen Oppner und dem Bildschirm hin und her. »Was ... Was sagen Sie denn da?«

»Wir haben ihn in der U-Bahn-Station gefunden«, sagt Kommissar Köller. »Wollen Sie auch so enden wie er?«

»Ich ... Ich weiß überhaupt nicht, wovon Sie reden!«, wehrt sich Baldur Greipel.

»Du bist der zweite Mann, der auf der Aufzeichnung zu sehen ist«, sagt Inspektor Oppner. »Scheint, als will euch jemand aus dem Weg räumen ...«

Baldur Greipel schluckt trocken. Dann scheint

bei ihm eine Schranke zu fallen. »Okay, den Überfall auf den Juwelenladen gebe ich zu. Aber mit dem Mord an Landau habe ich nichts zu tun.«

»Ihr habt euch wegen der Beute gestritten«, versucht Frank Oppner Greipel aus der Reserve zu locken. »Das alte Spiel, Baldur: Gemeinsamer Überfall, dann kriegen beide den Kragen nicht voll und einer muss dran glauben. In eurem Fall hast du Landau zu den Engeln geschickt.«

»Lüge! Das ist eine reine Lüge!«, beteuert Baldur Greipel und springt genervt auf.

»Lüge?«, setzt Kommissar Köller nach. »Wo ist dann die Beute? Bei Landau haben wir nur diesen Ring gefunden.« Er legt Greipel das Schmuckstück vor.

Baldur Greipel starrt auf den goldenen Ring. Er senkt den Kopf und setzt sich wieder hin. »Es gibt einen dritten Mann«, stammelt er gebrochen. »Einer, der Mark den Tipp gab, dass bei Barns eine Menge Geld zu machen ist.«

»Wer?«, will Jens Köller wissen.

»Ich kenne diese dritte Person nicht. Hab nie mit ihr zu tun gehabt. Das hat alles Mark geregelt. Es war vereinbart, dass wir den Schmuck rauben, Mark händigt ihn anschließend dem Drahtzieher aus und wir erhalten jeder eine Belohnung in Höhe von 15.000 Euro. Dieser dritte Mann muss der Mörder sein.«

»Wollte sich Landau in der U-Bahn mit ihm treffen?«, fragt Inspektor Oppner.

Greipel nickt stumm.

»Das war der vereinbarte Übergabeort - Beute gegen Belohnung.«

Kommissar Köller stoppt die DVD. »Und Sie haben keine Ahnung, wer dieser dritte Mann sein könnte?«

Baldur Greipel reibt sich nervös das Kinn. »Ich tippe auf Viktor Barns. Er soll Geldprobleme haben. Verstehen Sie, was ich meine?«

»Wir verstehen«, sagt Jens Köller. »Sicherlich hat Barns seinen Schmuck hoch versichert. Er kassiert eine hohe Summe von der Versicherung, falls die Ware gestohlen wird.«

Baldur Greipel schweigt.

»Barns heuert Landau und dich an, den Schmuck zu rauben«, erklärt Frank Oppner in Richtung Greipel. »Ihr zieht das Ding durch, anschließend muss er Landau als Mitwisser beseitigen.«

»Abführen!«, sagt Jens Köller kurz.

Inspektor Oppner bittet Baldur Greipel, ihm widerstandslos in eine Zelle zu folgen, was dieser auch anstandslos macht.

Alleine im Büro zurückgeblieben sieht sich Jens Köller noch einmal die DVD des Überfalls an. Immer und immer wieder.

Eine viertel Stunde später kehrt Oppner zurück. »Noch nicht genug gesehen, Jens?«

Kommissar Köller dreht sich in seinem Ledersessel um und lächelt verschmitzt. »Irgendjemand hat mal gesagt ›Bilder sagen mehr, als tausend Worte‹. Ein weiser Mann, der das erkannt hat ...«

»Soll das heißen, du weißt, wer Landau beseitigt hat?«, fragt Oppner.

»Lass Viktor Barns verhaften, Frank.«

Du bist dran:

Ist diese Geschichte wahr oder falsch.

Und wie ist Kommissar Jens Köller dem Mörder auf die Schliche gekommen?

NACHT IN ANGST

Unfassbar.

Es ist so unfassbar. Und doch, es ist mit ihm geschehen. Ole Sörensen wartet darauf, dass irgendetwas geschieht, aber es geschieht nichts. Er besitzt keinerlei Zeitgefühl mehr.

»Wie ... wie spät ist es wohl?«, stammelt er verzweifelt in sich selbst hinein. »Überhaupt: Welchen Tag schreiben wir heute? Wo zum Teufel noch mal bin ich hier?«

Ole vermag keine seiner Fragen zu beantworten. Furcht einflößende Gedanken rasen durch seinen Kopf, wirre Bilder flackern auf und panische Angst vernebelt sein Denken.

»Das ist doch alles nur ein schrecklicher Traum. Ich erwache jeden Augenblick. Vollkommen klar, ich durchlebe nur einen Albtraum, der gleich zu Ende ist.«

Doch Ole Sörensen ist wach - hellwach sogar. Und das flößt ihm noch mehr Angst ein.

Ole zwinkert.

Vergeblich. Nichts zu sehen, nichts zu erkennen. Nur tiefschwarze Dunkelheit, die ihn umhüllt wie eine dicke Daunendecke.

Minuten vergehen. Minuten, in denen Ole nur sein schwaches angestrengtes Atmen hört. Kein Laut sonst.

Stille.

Und diese Enge, beklemmende Enge - in ihm und um ihn herum. Nach und nach begreift Ole, dass er sich an einem völlig unbekannten Ort befindet.

»Bin ich überhaupt noch auf der Erde?«, fragt er sich halblaut mit zitternden Lippen.

Noch während er mit sich selbst spricht, tauchen aus seiner Erinnerung verschwommene Bilder auf: Nacht. Es ist dunkel geworden in der Stadt. Ole kommt aus diesem stickigen verrauchten Lokal. Es nennt sich ›Diamond Spielsalon‹. Er tritt hinaus auf den nassen Gehsteig. Schon nach wenigen Schritten hört er diese schlurfenden Geräusche hinter sich - Schritte.

Ole dreht sich gerade um, da erscheinen zwei Männer neben ihm. Der Größere, ein Kerl mit breiten Schultern, zieht eine Pistole.

Dann geht alles furchtbar schnell. Ole wehrt

sich, tritt mit den Füßen, boxt, schlägt. Plötzlich blendet ihn ein greller Blitz, und dann sieht er nichts mehr ...

Ole seufzt verzweifelt. »Wo bin ich jetzt bloß?« Zwecklos. Er sieht und hört nichts. Ole versucht, Hände und Beine zu bewegen. Und da durchzuckt ihn die nächste Angstwelle wie ein Stromschlag. »Mein Körper! Ich spüre meinen Körper nicht mehr.« Er versucht sich zu bewegen, die Schultern zu drehen, die Arme zu heben. Chancenlos. Nicht die geringste Positionsänderung ist ihm möglich. Noch einmal versucht er eine Bewegung. Vergeblich. Im selben Augenblick kommt Ole der schockierende Gedanke. »Ich lebe nicht mehr!«

Oles Herz beginnt wild zu pochen, Schweiß tritt ihm auf die Stirn. Tote haben keinen Herzschlag mehr! Diese Feststellung beruhigt ihn etwas. Nach ein paar tiefen Atemzügen gelingt ihm ein kontrollierter Gedanke, mit dem er sich Mut zuspricht. »Ich kann mich nicht bewegen, aber ich kann schreien. Ja, höre ich meine Stimme, beruhigt mich das bestimmt noch mehr, denn Tote schreien nicht.« Ole fleht im Stillen, dass er seine Stimme hört. Dann schreit er: »Hilfe! Hilfeee!«

Ole lauscht. Doch was er hört, ist schrecklich, es ist entsetzlich. Das ist nicht seine Stimme. Kein

Zweifel, der hilflose Laut kam aus seiner Kehle, von ihm gerufen, aber die Stimme klingt grässlich entstellt und dröhnend, als gehöre sie einem Gespenst, das aus einer weit entfernten Welt herüberruft.

Ole schreit noch einmal um Hilfe. Von Ruf zu Ruf kriecht die Angst tiefer in seine Knochen. »Wie lange halte ich das aus?«, wimmert er. »Allein mit dieser dämonischen Stimme, die förmlich durch mich hindurchkriecht, mich umzingelt ...«

Zur gleichen Zeit erlebt Gloria Becker etwas Merkwürdiges. Gloria wohnt in der Wilhelmstraße 46, ist Witwe und etwas über sechzig Jahre alt. Ihre Wohnung umfasst drei Zimmer und ist ein ausgebauter Dachboden. Als Gloria Becker an diesem Morgen erwacht, hat sie ein seltsames Erlebnis.

Gloria ist gerade auf dem Weg ins Badezimmer, da hört sie ein Geräusch. Sie bleibt stehen, lauscht, kann aber nicht feststellen, woher diese komischen Laute kommen. »Ist das eine Stimme?«, fragt sie sich unsicher. Gloria hört schon etwas schlecht, darum horcht sie genauer hin. »Von wo ...« Nach einer Weile macht sie kehrt und geht ins Esszimmer.

Vor dem Esstisch aus Eichenholz bleibt sie plötzlich stehen. Jeder Zweifel ist ausgeschlossen: Die Töne sind klar und deutlich zu hören. Die Geräusche klingen wie ein klagendes Heulen, unheimlich - unmenschlich.

»Und du redest dir immer ein, du hättest keine Angst vor Geistern«, schimpft sich Gloria selbst. Sie merkt, dass ihre Hände zittern, als sie nach dem Telefon greift und eine Nummer wählt.

Es läutet fünf Mal, ehe am anderen Ende der Leitung jemand abhebt. »Ja«, sagt eine raue, tiefe Stimme.

»Bin ich mit der Polizei verbunden?«, fragt Gloria nervös.

»Inspektor Braun am Apparat. Womit kann ich Ihnen helfen?«

»Sie müssen bei mir vorbeikommen, Inspektor. In meiner Wohnung spukt es.«

Für Sekunden hört Gloria nichts am anderen Ende.

Dann sagt Inspektor Braun: »In München spukt es mindestens zehnmal am Tag, wenn bei uns das Telefon klingelt.«

»Soll das heißen, ich ...«

»Hören Sie, Frau ...«

»Becker. Gloria Becker, Wilhelmstraße 46. Und was ich sage stimmt. Ich höre zwar etwas schlecht, aber ich bin nicht blöd.«

Inspektor Braun seufzt. »Meinetwegen, ich

schicke Ihnen jemanden vorbei.«

Erleichtert legt Gloria den Hörer auf. Sie zündet den Kaminofen an, die Kälte des nahenden Winters kriecht durch die undichten Fenster. Und eine Tasse Kaffee darf man schon brauen, wenn die Polizei extra vorbeischaut.

»Hilfeee!«, kreischt Ole. Immer wieder. Und je öfter er schreit, umso mehr wird ihm klar: Ich bin tot! »Himmel noch mal, wo befinde ich mich nur?«, geht es ihm durch den Kopf. »Sicher nicht im Himmel. Im Paradies kann man sich frei bewegen, tanzen, spielen. Bin ich dann in der Hölle? Nein, kann auch nicht sein. In der Hölle lodert Feuer, glühende Kohlen brüten Hitze aus und Flammen ...« Plötzlich spürt Ole, wie es um ihn herum immer heißer wird, Augenblicke später kriecht ein bekannter Geruch in seine Nase - der Geruch von brennendem Holz. Überall breitet sich jetzt heiße Luft aus. Ole schnappt nach Atemluft, er hat das Gefühl, zu ersticken. »Um mich herum kocht plötzlich alles«, murmelt er. »Werde ich gerade in der Hölle geschmort?«

Während Ole diese schlimmen Gedanken in den Sinn kommen, bemerkt er, dass er trotzdem keine Angst mehr hat. Seltsam. Aber wovor sollte er noch Angst haben, wenn er schon tot ist? »Nie hätte ich gedacht, eines Tages in der Hölle zu landen«, ergibt sich Ole seinem Schicksal. »Warum nur?«

Währenddessen klingelt es an der Wohnungstür von Gloria Becker. Gloria öffnet und bittet die zwei Polizeibeamten herein. »Guten Tag, die Herren.«

Die beiden Polizisten betreten die Wohnung und sehen sich skeptisch um.

»Wo sind denn nun Ihre Geisterstimmen?«, fragt Inspektor Braun.

Gloria blickt den Inspektor verlegen an. »Sie werden es nicht glauben, meine Herren, aber wenige Minuten, nachdem ich mit Ihnen telefoniert habe, hörte das Geräusch plötzlich auf - wie durch Zauberei verstummt.«

Inspektor Braun gibt seinem Begleiter ein Handzeichen und der junge Polizist nimmt die Wohnräume noch einmal unter die Lupe.

»Von wo sind denn diese Töne hergekommen, Frau Becker«, fragt Inspektor Braun.

»Das ist ja das Unheimliche«, antwortet Gloria. »Ich kann es nicht wirklich sagen. Sie waren überall gleichzeitig. Und sie klangen gequält, gerade so, als kämen sie aus der Hölle ...«

Inspektor Braun starrt Gloria nachdenklich an. »Nehmen Sie starke Medikamente, Frau Becker?«, fragt er nach einer Weile. »Sie wissen, ich meine Medikamente mit Nebenwirkungen und ...«

»Wenn Sie glauben, ich ticke nicht mehr richtig, Herr Inspektor, dann liegen Sie gründlich falsch«, fällt ihm Gloria ins Wort. »Ich bin klar im Kopf. Keine Medikamente, ich trinke auch keinen Alkohol.«

Dann hat die Oma nicht mehr alle Latten am Zaun, denkt Braun bei sich. Wie viele in ihrem fortgeschrittenen Alter. »Hören Sie zu, Frau Becker: Sie hatten einen Albtraum, nichts weiter. Im Moment sind Sie dadurch etwas durcheinander - verständlich. Beruhigen Sie sich mit einer heißen Tasse Kamillentee, das wirkt manchmal wahre Wunder. Und wenn Sie wieder einmal Geräusche hören, dann warten Sie einfach, bis diese von alleine wieder aufhören.«

Inspektor Braun und sein Begleiter verabschieden sich höflich und verlassen die Wohnung.

Verwirrt und beunruhigt sieht sich Gloria in ihren vier Wänden um. Sie lauscht, so aufmerksam sie kann.

Nichts.

Kein Laut.

»Bestimmt denkt der Inspektor, ich hätte nicht mehr alle Tassen im Schrank«, murmelt Gloria. »Vielleicht hat er sogar recht und meine alten, müden Sinne spielen mir einen Streich. Ich sollte zu meiner Freundin Adrienne gehen, ein paar Stunden mit ihr verbringen, um auf andere Gedanken zu kommen.«

Gloria löscht das Feuer im offenen Kamin, zieht sich Mantel und Hut an und macht sich auf den Weg zu ihrer Freundin Adrienne.

24. Oktober 1976, 12.30 Uhr.

Die Stadtbesichtigung ist zu Ende. Die schwedische Reisegruppe trifft im Hotel ein.

»Ist Ole Sörensen mittlerweile auf seinem Zimmer?«, erkundigt sich der Reiseleiter an der Rezeption.

»Der Schlüssel zu Zimmer 103 wurde noch nicht abgeholt«, antwortet der Rezeptionist kopfschüttelnd.

»Ich schalte die Polizei ein«, erklärt Paul Olsen den Mitreisenden beunruhigt. »Die Straßen in der Gegend um den ›Diamond-Spielsalon‹, wo Ole ein paar Spielchen gewagt hat, ist nicht gerade sicher. In den Spelunken und Zockerhöhlen sollen allerlei schräge Dinge passieren.«

»Gut, dass Sie angerufen haben«, sagt eine ruhige Stimme am Telefon. Sie gehört Inspektor Braun. »In dieser Gegend ist es in den letzten Wochen immer wieder zu Überfällen gekommen. Die Opfer sind meist Urlauber. Wir kümmern uns um die Sache.«

Eine Stunde später betreten Inspektor Braun und sein Kollege Lukas Pittner den ›Diamond-Spielsalon‹. Zigarettenqualm schwebt über Billardtischen und Flipperautomaten. Gamekonsolen blinken grell und aufdringliche Musik lockt die Besucher an die Spielstände.

»Ja, der war gestern hier«, bestätigt einer der Kellner, als ihm Inspektor Braun ein Foto von Ole Sörensen zeigt. »Hat ziemlich viel gespielt und getrunken. Prahlte immer wieder mit seiner dick gefüllten Brieftasche. So gegen ein Uhr nachts hat er das Lokal verlassen. Aber sonst weiß ich auch nichts.«

Braun und Pittner bedanken sich und gehen. Draußen auf der Wilhelmstraße können sie auch keine Spuren finden, die auf einen Raubüberfall hinweisen. In der kleinen Straße ist um diese Uhrzeit keine Menschenseele zu sehen. Einsam säumen die baufälligen Häuser mit ihren Schornsteinen die

Straße. Hier ist nur nachts etwas los.

Um sieben Uhr abends kehrt Gloria Becker nach Hause zurück. Das Gespräch mit ihrer Freundin Adrienne, eine gute Tasse Kaffee und Honigkekse haben sie wieder fröhlich gestimmt. Sie hat gegen Morgen einfach schlecht geträumt - passiert jedem mal.

Zufrieden entzündet Gloria ihren offenen Kamin. Sie greift um das Buch, das sie gerade liest, und setzt sich entspannt in den Ohrensessel, der vor dem Kamin steht. Gloria schlägt das Buch auf und beginnt erwartungsvoll zu lesen.

Doch genau in diesem Augenblick passiert es wieder.

Gloria hört einen schwachen, fast erstickten Schrei. Er klingt verzweifelt, fern, als dröhne er aus einer anderen Welt herüber. Der Schrei eines Verfluchten. Gloria faltet die Hände und betet zum Himmel. Ihr Gesicht spiegelt sich im Fenster, es ist knochenbleich vor Angst. »Mein Verstand. Ich verliere meinen Verstand!«, stammelt sie. Ihr Blick fällt auf das Telefon. »Nein ...«, sagt sie sich, »Nein! Ich rufe keine Polizei. Ich bin nur übermüdet, meine Sinne spielen mir einen Streich. Die Stimme hört von selbst wieder auf. Wie heute

Morgen.«

Minuten verstreichen, doch die Stimme schweigt nicht. Im Gegenteil. Sie wird immer lauter, klagender und flehender.

Gloria versucht, sich auf ihr Buch zu konzentrieren, schafft es aber nicht. Zu unheimlich ist die geisterhafte Stimme. Schließlich greift sie doch zum Hörer und wählt die Nummer der Polizei. »Gloria Becker noch mal, aus der Wilhelmstraße«, flüstert sie schüchtern. »Ich will Sie bestimmt nicht nerven, Inspektor Braun, aber die Schreie vom heutigen Morgen, sie sind wieder zu hören ...«

»Frau Becker«, antwortet Inspektor Braun so ruhig er kann, »versuchen Sie ein paar Stunden zu schlafen. Sind Sie erst ausgeruht, hören Sie bestimmt keine Geräusche mehr.«

»Ich rufe Sie an, weil die Stimme schwedisch spricht, Herr Inspektor. Ich habe als Mädchen ein Jahr in Stockholm studiert. Ich verstehe Schwedisch.«

Inspektor Braun schweigt ein paar Sekunden. Schwedisch, das kommt ihm irgendwie bekannt vor. Genau, diese Vermisstenmeldung aus dem Hotel. Er kramt in seinen Unterlagen, und da ist der Notizzettel: Ole Sörensen ist nicht in sein Hotel zurückgekehrt, und zwar nach dem Verlassen des

›Diamond-Spielsalons‹ in der Wilhelmstraße ...

»Wir sind schon auf dem Weg zu Ihnen, Frau Becker!«, ruft Inspektor Braun aufgeregt ins Telefon. »Verstehen Sie, was die Stimme sagt?«

»Die Worte sind kaum zu verstehen, sie klingen so ... so dumpf. Aber ich bin sicher, dass die Stimme schreit: ›Zu Hilfe! Zu Hilfe!‹«

Nur fünfzehn Minuten später treffen Inspektor Braun, Lukas Pittner und ein Team der Feuerwehr in der Wilhelmstraße 46 ein. Die Feuerwehrleute klettern über die ausgefahrene Rettungsleiter auf das Dach.

Oben angekommen laufen sie zum Schornstein von Gloria Becker. Sie beugen sich über die Öffnung und leuchten mit einer Taschenlampe in den Kamin.

»Wir sehen ein Paar Schuhe!«, ruft einer der Männer aufgeregt.

Kurz darauf ziehen sie ein unkenntliches, bündelförmiges Etwas heraus. Es ist der verschwundene Ole Sörensen, der wie durch ein Wunder noch lebt.

Ole befindet sich in einem wirklich jämmerlichen Zustand: Seine Haare sind fast vollständig versengt, seine Nase ist gebrochen und der ganze Körper von Ruß geschwärzt.

»Wie kann so was passieren?«, fragt Inspektor Braun.

»Der Rauchabzugskanal, in dem man Sörensen hineingeworfen hat, macht etwa zwei Meter unterhalb der Schornsteinöffnung einen Knick«, erklärte einer der Feuerwehrmänner. »An dieser Stelle blieb er eingeklemmt stecken. In einem Rohr von kaum sechzig Zentimeter Durchmesser, Füße in der Luft, Kopf, Schultern und Rücken waagerecht im Rohrknick. Er konnte nicht die geringste Bewegung machen, nur um Hilfe rufen.«

Einen ganzen Tag lang war Ole Sörensen im Schornstein gefangen gewesen, direkt oberhalb des Kaminabzugs von Gloria Becker, die ihren offenen Kamin zweimal angeheizt hatte.

Ole Sörensen wird sofort ins Krankenhaus gebracht, wo ihm die Ärzte das Leben retten können.

Die Ermittlungen von Inspektor Braun ergaben, dass die beiden Brüder Kolper die Schuldigen waren. »Die beiden Spieler haben schon seit einiger Zeit damit Geld gemacht, Leute mit besonders gut gefüllten Brieftaschen zu überfallen«, erklärte Inspektor Braun Gloria.

»Was genau ist passiert?«, hakte Gloria nach.

»Sie haben gestanden, Ole rund zweihundert Meter nach dem Spielsalon überfallen zu haben.

Aber Ole hat sich gewehrt, anstatt wie erwartet sich zu ergeben. Weil Ole ein kräftiger Kerl ist, haben sie ihm mit dem Griff einer Pistole eine über den Kopf gezogen. Ole fiel auf den Gehsteig und bewegte sich nicht mehr. Aus Angst, Ole sei tot, wollten sie ihn verschwinden lassen. Sie sahen das Gerüst an Ihrem Haus gegenüber. Also beförderten sie ihn auf das Dach und warfen ihn in den Schornstein.«

Die Brüder Kopler hatten mehrere Überfälle auf dem Kerbholz und wurden zu lebenslanger Haft verurteilt.

Ole Sörensen kehrte nach Schweden zurück. Sein Leben lang wird er diese Nacht in Angst nicht mehr vergessen.

Du bist dran:

Ist diese unheimliche Geschichte wahr oder falsch?

Plötzlich verschollen

Fort Lauderdale, Florida, 5. Dezember 1945

Leutnant Allan Kosnac betritt gegen 13.00 Uhr den Kontrollturm des Militärstützpunktes. Er fühlt sich gar nicht wohl. Er hat um diese Zeit dort überhaupt nichts zu suchen!

»Was machen Sie hier, Leutnant?«, fragt ihn Generalmajor Lindsay deshalb scharf. »Warum sind Sie nicht bei Ihren Kameraden? In knapp einer Stunde startet die Staffel!«

»Genau deshalb bin ich hier, Generalmajor ... wegen der Staffel. Ich kann nicht mitfliegen.«

»Was soll das heißen?«

»Ich werde nicht mit der Staffel aufsteigen.«

»Sie wissen, was Befehlsverweigerung bedeutet, Leutnant?«

»Ja, Herr Generalmajor. Ich bin mir über die Folgen im Klaren.«

»Sie ziehen ein Disziplinarverfahren einem

Flug mit der Staffel vor? Warum das?« Lindsay, der Oberbefehlshaber auf Fort Lauderdale, kehrt die Probleme und Sorgen seiner Soldaten nicht unter den Teppich. Er ist ein besonnener Vorgesetzter, kein Dickschädel. »Sind Sie krank, Kosnac?«

»Nein, Sir. Ich ... Ich habe Angst, Sir.«

»Sie und Angst, Kosnac? Sie sind einer der mutigsten Männer, die ich je in meinen Reihen hatte. Der Wetterbericht ist bestens - Sonne, windstill. Also, was spricht gegen einen kleinen Testflug zu den Bermuda-Inseln? Reine Routinesache.«

»Dennoch habe ich Angst, Sir. Warum, kann ich Ihnen nicht einmal sagen. Ich habe einfach kein gutes Gefühl bei dieser Gegend. Ich fliege nicht mit.«

Lindsay nickt zustimmend. Er muss den Vorfall melden - Bestimmungen. Kosnac wird vor ein Sondergericht kommen. So eine Dummheit! Wegen eines Testfluges. Aber ja, er kann Kosnac zu nichts zwingen. »Wegtreten, Kosnac!«

Lindsay wendet sich wieder seinem alltäglichen Countdown zu. »... drei, zwei, eins, Take-off!«

Die Staffel startet.

Heute steht die ›Staffel 19‹ auf dem Übungsplan: fünf Jagdbomber TMB 3 Avenger.

»Alles klar, Taylor?«, nimmt Lindsay mit dem Staffelführer Kontakt auf.

»Alles im grünen Bereich«, antwortet Colonel Charles Taylor. Er ist einer der besten Flieger der US Air Force. Jetzt ist er Staffelführer. Es ist seine Aufgabe, die jungen Soldaten zu trainieren. Eine lächerlich leichte Übung für einen Profi wie ihn: 160 Seemeilen nach Osten fliegen, danach das Ziel ausforschen - ein herumschwimmendes altes Schiffswrack - dann 40 Meilen nach Norden und wieder zurück nach Fort Lauderdale. Ein Kinderspiel bei diesem Sommerwetter!

14.00 Uhr.

Staffelführer Colonel Taylor startet als Erster. In Abständen von zwei Minuten folgen die vier anderen Kampfjets.

Oben im Tower beobachtet Generalmajor Lindsay den Start der Bomber. Keine Minute später verschwindet die letzte Maschine hinter dem Horizont. Wie von selbst muss er dabei an Kosnac denken und dessen merkwürdige, plötzliche Angst.

»Holt mir die ›19‹ bloß wieder sicher vom Himmel«, scherzt er mit den anderen Soldaten der Flugüberwachung. »Bin bald zurück. Gönn mir schnell einen Kaffee.«

»Alles klar, Sir«, nickt ein Gefreiter.

Zu diesem Zeitpunkt weiß Generalmajor Lindsay noch nicht, dass das Schicksal der ›Staffel 19‹ um die ganze Welt gehen wird.

15.15 Uhr - eine Stunde später.

»Seid ruhig! Pssst! Da stimmt was nicht!« Der Flugsicherungsleiter tippt mit beiden Händen an seinen Kopfhörer. »Ruft Lindsay - schnell! Er soll sofort herkommen! Ich habe keinen Funkkontakt mehr zu ›Staffel 19‹.«

»Was?«, fragt ihn ein Kamerad ungläubig.

»Ich schalte auf Lautsprecher. Hört selbst!«

Wieder versucht der Lotse, eine Verbindung mit der ›19‹ aufzubauen.

»Staffelführer 19, bitte melden. Hier Tower Fort Lauderdale - Hören Sie mich?«

Zuerst dringt ein Rauschen aus dem Lautsprecher. Dann ist eine dumpfe Stimme zu hören. Es scheint, als komme sie aus sehr weiter Ferne.

»Hier Staffelführer 19 ... sehen keine Küste mehr ... sind vom Kurs abgekommen ... ich wiederhole ... sehen keine Küste mehr ...«

»Geben Sie Ihre Position durch!«

»Negativ! ... Wir wissen nicht genau ... wo wir sind ...«

Während der letzten Worte stürmt Lindsay in

den Tower. Kreidebleich im Gesicht prüft er sofort die aufgezeichneten Flugdaten. »Wie ist das möglich«, staunt er. »Die Staffel hat ihr Ziel erreicht, flog dann vorschriftsmäßig 40 Meilen Richtung Norden und jetzt befindet sie sich auf dem Rückflug.« Lindsay packt das Mikro des Lotsen und spricht laut: »Lindsay hier! Tower Lauderdale! Taylor, hören Sie mich? Sie sind auf südwestlichem Kurs! Melden!«

Die Antwort, die aus dem Lautsprecher dringt, beunruhigt alle im Kontrollraum. Aber auch die merkwürdige Stimme von Colonel Taylor. Seine Worte klingen so ... abwesend, so eintönig und unheimlich teilnahmslos:

»Südwesten? Keine Ahnung, wo Südwesten liegt ... wir sehen nichts ... wir können uns nicht mehr orientieren ... hier ist plötzlich alles ... so ›anders‹ ...«

»Was meinen Sie mit anders«, brüllt Lindsay jetzt in das Mikro. »Führer Staffel 19 ... antworten Sie!«

Nichts.

»Führer Staffel 19!«

Aus dem Lautsprecher ist nur noch ein Knistern und Rauschen zu hören.

»Taylor! Wo sind Sie? Melden Sie sich! Hier Tower Lauderdale!«

Nichts.

Staffel 19 antwortet nicht mehr.

Einige Minuten vergehen. Entsetzlich lange, stille Minuten. Plötzlich sind wieder Stimmen zu hören. Ganz leise, in weiter Ferne, noch weiter entfernt, als vorhin. Zwei Piloten von Staffel 19 sprechen miteinander - sonderbar gelassen und monoton:

»Ich weiß nicht, wo wir sind. Du? Sieht aus, als hätten wir irgendwie unseren Heimatkurs verlassen, oder?«

»... scheint so ... hab keinen Schimmer, wohin wir gerade fliegen ... Mein Kompass ... spielt völlig verrückt das Ding ... Der Höhenmesser dreht auch durch ... So was hab ich noch nie erlebt ...«

»... ich auch nicht ... ich habe keine Kontrolle mehr über meine Blechkiste ... der Vogel fliegt ... allein ...«

Die Situation gerät außer Kontrolle. Generalmajor Lindsay schlägt Alarm.

»Holt unsere Jungs da runter! Martin-Mariner klar zum Start! Sofort!«

Sekunden später heulen Alarmsirenen über das Kasernengelände. Soldaten laufen, sputen sich.

»Verdammt, was ist passiert!«, ruft ein Gefreiter im Laufen seinem Kameraden zu.

»Keine Ahnung! Aber Alarm ist nie gut!«

15.45 Uhr.

Dreizehn Mann Besatzung starten mit der Martin-Mariner Richtung Nordosten. Das Wasserflugzeug kann selbst bei stürmischer See auf dem Wasser landen. Es ist speziell für Rettungsaktionen ausgerüstet.

»Lage!«, brüllt Lindsay in das Mikrofon.

Oben im Tower wagt sonst niemand ein Wort. Gespannt lauschen sie alle auf den Lautsprecher, aus dem es gespenstisch rauscht.

Dann, ganz plötzlich, hören sie wieder Colonel Taylor. Merkwürdig ... Wie es scheint, ist die Funkverbindung nur in eine Richtung unterbrochen. Im Tower hören Lindsay und die anderen die Staffel, aber die Staffel hört sie nicht.

»Das ist doch unmöglich!«, flucht Lindsay. »Bei fünf Flugzeugen gleichzeitig?«

Es knistert.

Jetzt wieder Colonel Taylor: »... Führer Staffel 19 ... Leutnant Stiver ... übernehmen Sie ...«

Rauschen.

Dann die Antwort: »Leutnant Stiver hier ... verstanden ... übernehme ...«

Generalmajor Lindsay befürchtet mittlerweile das Schlimmste.

Sein Puls rast.

Wenn ein hartgesottener Colonel wie Taylor das Kommando übergibt, dann muss er sich in höchster Not befinden.

»Sind die denn alle verrückt geworden!«, schreit Lindsay verärgert. »Warum reden die nicht miteinander - fünf Kampfjets, vierzehn Mann!«

Plötzlich dringt eine ganz andere Stimme aus dem Lautsprecher. Klar und einwandfrei verständlich. Gott sei Dank!

»Martin-Mariner an Tower Lauderdale. Melde klare Sicht. Nur starker Höhenwind, sonst keine besonderen Vorkommnisse. Over.«

Ein Klicken ist zu hören, dann rauscht die Funkverbindung wieder.

Sekunden verstreichen.

Ein Knistern und erneut sprechen die Staffelflieger.

»Stiver hier ... scheint, wir haben Fort Lauderdale verfehlt ... sind jetzt vermutlich 200 Meilen westlich im Golf von Mexico ... Wir kehren um ... 180 Grad auf Ostkurs ...«

Lindsay hört, dass die Stimmen schwächer und schwächer werden. »Die ›19‹ fliegt in die falsche Richtung! Leutnant Stiver! Falscher Kurs! Sie irren sich!«

Die Nerven im Tower liegen fast blank. Aus dem Lautsprecher kommen inzwischen nur noch vereinzelte Worte.

»... sieht ... aus ... unglaublich ...«

»... es ... alles weiß ...«

»... sind ... verloren ... tauchen ... weißes Wasser ...«

Lindsay rauft sich die Haare. »Leutnant Stiver! Meldung!«

Aus.

Keine Stimmen.

Kein Knistern und Rauschen.

Nichts mehr.

Endgültig.

»Sofort Verbindung zur Martin-Mariner herstellen!«, befiehlt Generalmajor Lindsay.

Der Lotse führt den Befehl sofort aus. »Hier Tower Lauderdale - Martin-Mariner bitte melden! Hier Tower Lauderdale ... Martin-Mariner melden! Ich rufe Martin-Mariner!«

Nichts.

Funkstille.

Die Minuten verfließen.

16.45 Uhr - eine Stunde später.

»Kameraden«, spricht Generalmajor Lindsay gefasst, »jeder Zweifel ist ausgeschlossen, auch die Martin-Mariner mit dreizehn Mann an Bord ist plötzlich verschollen.«

Im Tower breitet sich Schweigen aus.

Schließlich sagt Lindsay: »5. Dezember 1945. Fünf Jagdbomber und ein Wasserflugzeug sind nordöstlich von Florida im Atlantik spurlos verschwunden - mit siebenundzwanzig Menschen an Bord. Noch nie ist so etwas in der Geschichte der Luftfahrt passiert. Die Sache ist sehr ernst.«

6. Dezember 1945.

Die US Army startet eine beispiellose Suchaktion. 240 Flugzeuge starten, der Flugzeugträger ›US Solomons‹ nimmt Kurs auf das Seegebiet, wo man die Absturzstelle vermutet.

Generalmajor Lindsay wird einen Gedanken nicht mehr los: Warum Taylor und die anderen nicht einmal SOS gefunkt haben, bevor sie in das ›weiße Etwas‹ versanken und dann für immer verstummten?

Auch die Küstenwache und U-Boote sind unterwegs zum Katastrophengebiet.

Zwei Wochen verstreichen. Ununterbrochen wird nach den Verschollenen gesucht, auf See und in der Luft.

Nichts und niemand wird gefunden. Kein Wrackteil, kein Fallschirm, nicht einmal eine

Schwimmweste. Der Ozean ist stumm.

Doch die riesige Suchaktion wirbelt Staub auf. In riesigen Buchstaben titelt die Presse: ›Staffel 19 plötzlich verschollen‹. Die Journalisten wittern eine Sensation. Und sie erfinden einen Namen für das unheimliche Gebiet, das sich von der Südspitze Floridas bis Puerto Rico und hinauf bis zu den Bermuda-Inseln erstreckt: das Bermuda-Dreieck!

Selbst die Wissenschaft steht vor einem Rätsel. Wie konnte sich ›Staffel 19‹ einfach in ein Nichts auflösen? Um diese Frage zu beantworten, stöbern sie in den Archiven der Marine. Und da stoßen sie auf erstaunliche Berichte!

»Unglaublich! Hör dir das an, Hank«, sagt John Miles. »In den Jahren 1600 bis 1814 sind im Bermuda-Dreieck zehn Schiffe verschwunden - samt ihrer Besatzung. Und hier: 1840 - Die ›Rosalie‹, ein französischer Dreimaster - wird zwischen Puerto Rico und Kuba entdeckt. Die Segel sind voll gesetzt, die Ladung ist an Bord, aber keine Spur von der Mannschaft.«

»Seltsam«, meint auch Hank. »1854 verschwindet die ›Atlanta‹ in der Nähe der Bahamas mit einem Schlag. An Bord 290 Matrosen.«

Bis heute sind ungefähr fünfzig weitere Schiffe registriert, die sich auf dieselbe unerklärliche

Weise ins Nichts aufgelöst haben. Und auch zahlreiche Flugzeuge sind in den mysteriösen Gewässern des Bermuda-Dreiecks verschollen.

1948 stockt der Welt wieder einmal der Atem: »Hier Star Tiger«, meldet der Bordfunker.

Die Zivilmaschine nähert sich den Bermuda-Inseln. Dreiunddreißig Passagiere sind an Bord.

»Wir beginnen mit dem Landeanflug. Wetter hervorragend. In einer halben Stunde sind wir da.«

Die Maschine, die Passagiere, die Crew ... nichts und niemand taucht je wieder auf.

Sind die unheimlichen Vorfälle im Bermuda-Dreieck Zufall? Oder sind in diesem Gebiet unbekannte Kräfte und Einflüsse am Werk? Irdisch? Außerirdisch? Gibt es ein bis heute ungelüftetes Geheimnis um das legendäre Bermuda-Dreieck? Wissenschaftler haben alle erdenklichen Möglichkeiten untersucht: Taifune, Orkane, Meeresströmungen, Vulkane, Wetterlagen ... Was auch immer hinter den rätselhaften Vorfällen steckt, ein großes Fragezeichen bleibt übrig:

Was ist am 5. Dezember 1945 mit der ›Staffel 19‹ und der ›Martin-Mariner‹ tatsächlich geschehen?

Eine Explosion scheidet aus: Fünf Flugzeuge explodieren gleichzeitig - unwahrscheinlich.

Außerdem sprachen Taylor, Stiver und die Anderen ohne Panik miteinander. Sie wunderten sich lediglich über diese ›weiße Masse‹, in der sie sich verirrt hatten.

Auch ein Gewitter kommt nicht infrage. Bordinstrumente spielen Gott sei Dank nicht verrückt, wenn es blitzt und donnert.

Ein technischer Defekt? Bei fünf Bombern gleichzeitig und später bei einem Wasserflugzeug? So viel Zufall? Nein. Außerdem hätten erfahrene Flieger wie Colonel Taylor dann auf jeden Fall SOS gefunkt.

Was also geschah damals in der Luft über dem Atlantik?

Ein Verdacht spukt bis heute durch alle Köpfe: 5. Dezember 1945, 19.30 Uhr.

Der Frachter ›Gaines Mills‹ ist gerade auf dem Weg nach Miami. Matrosen beobachten eine Explosion am Himmel. Um diese Zeit ist die ›Staffel 19‹ schon lange verschollen.

Ist es denkbar, dass zuvor schon ein unterseeischer Vulkan ausgebrochen ist. Eine riesige Wolke von betäubenden und vielleicht magnetisch aufgeladenen Gasen könnte über dem Ozean schweben. Solche Gase, vulkanischer Rauch, könnten die Piloten benebelt haben. Eine ›weiße Masse‹?

Solche Gaswolken sind nie zuvor und auch nach dem 5. Dezember 1945 nie wieder beobachtet worden.

Aber beweist dies, dass es sie nie gegeben hat? *Du bist dran:*

Wahr oder falsch?
Hat sich die unheimliche Geschichte um die ›Staffel 19‹ jemals ereignet?

SCHNAPPT IHN!

22. Mai 1961, Frankfurt am Main

»Soll ich nicht doch lieber hier bleiben?«, fragt Rita Peters ihren Mann. »Die Krankenschwester hat gesagt, ein zweites Bett im Zimmer ist kein Problem.« Rita ist klein, goldblond und äußerst gepflegt. Sie wirkt sehr elegant in ihrem maßgeschneiderten Hosenanzug und mit ihrem gewinnenden Lächeln.

»Nicht nötig«, antwortet Karl. Der vornehme sportliche Mann, knapp vierzig und Chef einer Bekleidungsfirma, packt gerade seinen kleinen Koffer aus und verstaut die Kleidungsstücke im Schrank. »Ist doch nur eine Blinddarmoperation. Routinesache. In zwei Tagen bin ich wieder daheim.«

»Na gut«, stimmt Rita Karl zu. »Ich bleibe dann die Nacht über bei meinen Eltern. Du weißt, ich bin nicht gern allein in unserem großen Haus.«

Ihr ist klar, dass sie telefonisch für die Klinik dann nicht erreichbar ist. Aber wozu auch, denkt sie, es geht doch nur um eine Blinddarmoperation.

»Auf Wiedersehen, Schatz«, verabschiedet sich Rita und drückt Karl einen Kuss auf die Wange.

»Ja, bis übermorgen, Schatz.«

Dann verlässt Rita die Klinik ›Unter den Linden‹.

23. Mai

Gegen elf Uhr vormittags kommt Rita von ihren Eltern zurück, stellt gerade ihren VW in der Garage ab und betritt das Haus, da klingelt das Telefon.

»Frau Peters?«, fragt eine zurückhaltende Stimme.

»Ja, am Apparat.«

»Ich bin Inspektor Stokker. Bitte kommen Sie sofort in mein Büro in der Wilhelmstraße. Es geht um Ihren Mann. Er ist hier bei mir. Die Sache ist ... sehr ernst.«

Rita hält betroffen den Atem an. Dann sagt sie mit trockener Stimme: »Das ist nicht möglich, Herr Inspektor! Sie müssen ihn mit jemandem verwechseln.«

»Tut mir leid, tue ich nicht«, sagt Rainer Stokker entschieden. »Es handelt sich um Ihren Mann. Wir haben seine Papiere in seiner Jacke gefunden.«

Rita schluckt fassungslos. »Herr Inspektor, Ihre Arbeit in Ehren, aber mein Mann liegt zurzeit im Krankenhaus und hütet garantiert das Bett.«

»Ich weiß, Frau Petersen. Blinddarm.«

Rita glaubt plötzlich, einen Albtraum zu durchleben. Sie stammelt nur: »Ja ... aber ... was ... Was ist denn passiert? Was ist ihm zugestoßen?«

Sekundenlang herrscht Stille am Telefon. Dann sagt Inspektor Stokker ernst: »Ich sage so was nicht gerne am Telefon, aber es ist wohl besser, wenn ich direkt bin: Ihr Mann ist tot.«

Schweigen.

»Hallo ...?«

Still.

»Frau Peters?«

Nur ein leises Wimmern ist zu hören.

»Soll ich Sie abholen lassen, Frau Peters?«

»Nein ... Nein. Ich komme«, flüstert Rita Peters gebrochen in das Telefon.

Eine halbe Stunde später hat Rita ihren Mann, gekleidet in seinen Anzug, den sie am Vorabend gemeinsam im Krankenhaus in den Schrank gelegt hatten, identifiziert. »Ja, das ist Karl«, hat sie weinerlich gestammelt. »Ich verstehe nicht ... Wie ist das denn ...«

»Nicht jetzt«, tröstet Stokker sie. »Wir gehen in mein Büro.

Oben in seinem Büro sagt Inspektor Stokker bei einer heißen Tasse Kaffee: »Ich helfe Ihnen, das Rätsel zu lösen, Frau Peters. Zuerst erzähle ich Ihnen, was wir bereits wissen.«

Zittrig trinkt Rita einen Schluck Kaffee. Ihr ist, als würde sie jeden Moment in Ohnmacht fallen. Doch ihr eiserner Wille gibt ihr Kraft. »Ich muss wissen, was passiert ist, Herr Stokker.«

»Natürlich, Frau Peters.«

Auch der Inspektor gönnt sich einen kräftigen Schluck Kaffee, dann berichtet er. »Vergangene Nacht entdeckten zwei meiner Kollegen - sie waren auf Streife - einen Mann, der wankend die Bertramstraße entlangkam. Die beiden sahen nach ihm, doch er schlug wild um sich, wehrte die Polizisten energisch ab. Nur mit Mühe konnten meine Männer ihn überwältigen und hierher in eine Zelle bringen, in der er sich ausschlafen sollte. Sie glaubten, Ihr Mann habe auf einer Party einen über den Durst getrunken. Heute Morgen, als das Frühstück verteilt wurde, haben wir ihn dann reglos aufgefunden.«

»Das passt alles nicht zu Karl«, schüttelt Rita verzweifelt den Kopf. »Woran soll er denn gestorben sein?«

»Ich weiß es nicht«, antwortet Inspektor Stokker. »Wir haben sofort einen Arzt geholt. Karl hatte keine Verletzung - außer seiner Operationsnarbe. Doktor Brenner meint, es könnte ein Herzversagen gewesen sein.«

»Ich muss es genau wissen«, sagt Rita entschlossen.

»Die Klinik, in der Ihr Mann operiert worden ist, kann uns sicher weiterhelfen«, sagt Stokker.

»Hamburgerstraße, Klinik ›Unter den Linden‹«, antwortet Rita.

Keine Stunde später bittet Dr. Viktor Haller die beiden in sein ärztliches Büro. Dr. Haller ist an die Sechzig, hat graues Haar und bietet Rita sofort einen Platz auf seiner Ledercouch an. »Für die Polizei habe ich immer Zeit«, sagt er und setzt sich hinter seinen Schreibtisch. »Worum geht es denn? Meistens ist es etwas Schlimmes, wenn sich die Polizei anmeldet. Ich bin doch etwas überrascht.«

»Mit Recht«, nimmt ihm Rita das Wort aus dem Mund. »Was ist meinem Mann passiert? Was haben Sie ihm angetan?«

Rita bricht in Tränen aus, Dr. Haller runzelt verwirrt die Stirn. »Ich ...«

Inspektor Stokker schaltet sich ein und erklärt Dr. Viktor Haller kurz und knapp die Umstände.

Betroffen lehnt sich der Arzt in seinen Stuhl zurück und greift sich an das Kinn. »Die ganze Sache ist mir ein Rätsel. In meiner Klinik hat es bisher niemals einen Patienten mit dem Namen Karl Peters gegeben. Nicht wegen einer Blinddarmoperation noch wegen etwas anderem. Sie können meine Patientenkartei einsehen, um sich zu überzeugen.«

»Lüge! Nichts als Lüge!«, braust Rita auf. »Ich erinnere mich genau an Sie. Sie selbst sollten meinen Mann operieren!«

Rita springt von der Couch auf, Inspektor Stokker versucht, sie zu beruhigen.

»Ich will sofort sein Zimmer sehen!«, kreischt Rita. »Nummer 19, Trakt A!«

Sie drängt Inspektor Stokker kräftig zur Seite und stürzt in den Flur hinaus. Dr. Haller und der Inspektor eilen ihr nach.

Bei Zimmer 19 angelangt, reißt Rita die Tür auf. Ihre Augen weiten sich geschockt. »Das ... das ist nicht möglich«, ruft sie und weicht einen Schritt zurück. Das Zimmer ist geräumig, hat ein großes Fenster mit Blick in den grünen Park - und ist leer. Vollkommen leer!

»Ich habe es Ihnen doch gesagt«, flüstert Dr. Haller sanft.

Ein hysterischer Lachkrampf schüttelt Rita plötzlich durch. »Ich ... Ich ... Wo bin hier nur reingeraten!«

»Ich rufe eine Schwester, man wird sich um Sie kümmern«, sagt Dr. Haller.

Eine Viertelstunde später spricht Inspektor Stokker im Arztbüro unter vier Augen mit Dr. Haller.

»Wissen Sie, Dr. Haller, die Tatsache, dass Karl Peters am Blinddarm operiert worden ist, geht mir nicht aus dem Kopf. Warum behauptet seine Frau, es sei ausgerechnet in Ihrer Klinik geschehen?«

»Sie irrt sich einfach«, erwidert Dr. Haller. »Verständlich, ihr Mann ist tot. Da ist es schwer, klare Gedanken zu fassen.«

»Bei einem Krankenhausaufenthalt irrt man sich doch nicht.«

»Ich biete Ihnen an, meine Patientenliste durchzusehen, mehr kann ich nicht tun«, sagt Dr. Haller. »Gerne können Sie auch meine Mitarbeiter befragen.«

»Das werde ich«, entgegnet der Inspektor.

Doch Inspektor Stokkers Ermittlungen brachten

keine Ergebnisse. In den Personenlisten des Krankenhauses gab es keinen Karl Peters. Und die Nachtschwester beteuerte, Zimmer Nummer 19 ist seit drei Tagen unbelegt. Sie versicherte, noch nie etwas von einem Karl Peters gesehen oder gehört zu haben.

Inspektor Stokker wirft noch einen Blick in die beiden angrenzenden Zimmer. Auch diese sind leer - schon seit zwei Tagen, wie die Krankenschwester versichert.

In der folgenden Stunde telefoniert Inspektor Stokker mit allen Krankenhäusern der Stadt Frankfurt. Stets das gleiche Ergebnis: Nirgendwo ist ein Karl Peters am Blinddarm operiert worden. Nur eine Bestätigung gab es inzwischen vom Polizeiarzt: Karl Peters verstarb tatsächlich an einem Herzanfall als Folge eines starken Schocks. Beim Blinddarm jedoch liegt kein Operationsfehler vor, auch die Narkose war richtig dosiert worden.

Die Tage verstreichen. Inspektor Stokker tappt weiter im Dunkeln. Doch die Frage lässt ihn nachts kaum schlafen: Warum hatte Karl Peters einen Herzanfall? Und wer ist dafür verantwortlich?

Inspektor Stokker quält sich beim Frühstück gerade wieder mit diesen Fragen, da klingelt es an seiner Haustür. Wir schreiben den 30. Mai 1961, 7.13 Uhr morgens. Der Morgen, an dem sich das Blatt plötzlich wendet.

»Ich muss Sie in der Sache Karl Peters dringend sprechen«, sagt der blasse, hagere Mann Mitte fünfzig, der vor der Tür steht.

Inspektor Stokker bittet ihn umgehend herein und hört ihn an. Der Mann wirkt auf ihn, als erhole er sich gerade von einer Krankheit.

»Gestatten, ich bin Clemens Pittner«, stellt sich der Schwarzhaarige vor. »Ich wurde erst gestern aus der Klinik ›Unter den Linden‹ entlassen, wo ich über zehn Tage Patient war ...«

Inspektor Stokker bleibt fast die Luft im Hals stecken. ›Unter den Linden‹ ... »Ich höre«, presst er hervor.

»Ich habe erst heute von der Sache erfahren«, erklärt Clemens Pittner. »Ich verschwende keine Zeit mit Fernsehen und Zeitungen, wissen Sie ... Als ich aber in einem Schwesterngespräch davon mithörte, war mir klar, dass ich Zeuge von etwas Wichtigem, etwas Merkwürdigem geworden war ...«

»Bitte erwähnen Sie jedes Detail«, sagt Inspektor Stokker. »Jede Kleinigkeit ist wichtig.«

Clemens Pittner lehnt eine Tasse Tee ab, dann spricht er weiter: »In der Nacht des 22. Mai lag ich auf Zimmer 18, Trakt A. Laute Schreie, sie klangen geradezu tierisch, rissen mich aus dem Schlaf. Eine Minute, vielleicht waren es zwei, ging das so. Dann hörte ich plötzlich so etwas Ähnliches wie Streit oder Kampfgeräusche ...«

Clemens Pittner muss ein paar Mal Luft holen. Er ist noch sichtlich geschwächt.

»Weiter«, drängt Inspektor Stokker.

»Plötzlich rief ein Krankenpfleger: ›Er darf uns nicht entwischen! Schnappt ihn, schnell!‹ Sekunden später war alles wieder still ...«

»Haben Sie Dr. Haller gerufen?«

»Natürlich. Später sagte man mir, ich habe geträumt, fantasiert. Das komme schon mal vor, wenn man mehrere Medikamente einnimmt. Ich glaubte das, ich hatte auch noch Fieber. Um mich zu beruhigen, verlegten sie mich in ein anderes Zimmer.«

»Das ist alles?«

»Das ist alles.«

»Dann hat Rita Peters die Wahrheit gesagt«, murmelte Inspektor Stokker.

»Was?« Clemens Pittner verstand nicht.

»Dann hat sich das Drama tatsächlich in dieser

Klinik zugetragen. Dr. Haller hat gelogen, um irgendetwas zu verbergen. Und ich werde herausfinden, was das ist. Danke, dass Sie zu mir gekommen sind, Herr Pittner.«

Inspektor Stokker kommt im Berufsverkehr am Morgen nur langsam vorwärts. Aber er bleibt geduldig. Er ist der Lösung des Rätsels nahe, das spürt er.

Und tatsächlich: Dr. Viktor Haller wird augenblicklich kreidebleich im Gesicht, als ihm der Inspektor von der belastenden Zeugenaussage berichtet. Er scheint in sich zusammenzubrechen wie ein müdes Kartenhaus.

Stille Sekunden verstreichen.

Dann spricht Viktor Haller mit gebrochener Stimme: »Ja, ich habe gelogen ... Meine mühsam aufgebaute Klinik, meinen guten Ruf ... Das wollte ich nicht verlieren, darum habe ich alles riskiert ...«

»Was ist geschehen?«, fragt Inspektor Stokker.

»Das verstehen Sie doch nicht«, erwidert Dr. Haller mit gesenktem Kopf.

»Erklären Sie es mir einfach.«

Dr. Haller seufzt tief, dann beginnt er, zu erzählen. »So etwas kommt nur sehr selten vor. Ich bin seit mehr als dreißig Jahren Arzt, aber noch nie ist mir das untergekommen. Man spricht von einer ›postoperativen Psychose‹ ...«

»Von einem Wutanfall, der nach einer Operation auftritt?«, fragt Inspektor Stokker nach.

»Genau. Ein Tobsuchtsanfall, wenn der Patient aus der Narkose erwacht. Das ist bei Karl Peters eingetreten.«

»Was geschah dann?«

»Ich war bei einer Bilderausstellung eingeladen. Gegen zehn Uhr nachts rief mich die Stationsschwester an. Karl Peters hatte sich angezogen und wollte aus dem Krankenhaus flüchten. Niemand konnte ihn bändigen. Es gab ein Handgemenge, Schwester Britta ist sogar von Peters gewürgt worden. So ein Anfall verleiht übermenschliche Kräfte ...«

Dr. Haller tupft sich mit einem Taschentuch den Schweiß von der Stirn. Die Erinnerungen setzen ihm kräftig zu.

»Und dann?«

»Ich hörte alles durch das Telefon. Karl Peters schrie immer lauter. Und dann rief jemand ›Er darf uns nicht entwischen! Schnappt ihn, schnell!‹ Dann fiel der Hörer auf den Boden, nur mehr hastige Schritte, Keuchen und zuschlagende Türen waren zu vernehmen. Für Minuten herrschte absolute Stille. Dann öffnete sich wieder eine Tür, Britta hob den Hörer auf und sagte atemlos ›Er ist weg, entkommen!‹. Ich fuhr sofort in die Klinik.«

»Und?«

»Die ganze Nacht haben wir nach ihm gesucht. Im Gebäude, im Park, in den umliegenden Straßen - vergeblich. Logisch auch, Karl Peters war zu diesem Zeitpunkt schon bei Ihnen auf dem Revier.«

Inspektor Stokker blickt den Arzt verständnislos an. »Warum haben Sie nicht spätestens da bei uns angerufen?«

»Es ging um meinen Ruf und die Klinik - um mein Lebenswerk. Und es bestand immer noch die Möglichkeit, dass wir ihn finden. Wir hätten ihn mit Medikamenten beruhigt, zurück in sein Zimmer gebracht und nichts wäre passiert.«

»Doch dann wurde Ihnen klar, dass Sie Karl Peters nicht finden würden«, ergänzt Inspektor Stokker Dr. Hallers Gedanken.

»Ja. Ich beschloss daraufhin, die Angelegenheit zu vertuschen. Ich fälschte die Patientenkartei und ließ Peters Sachen verschwinden. Meinem Personal legte ich klar, dass sie Mitwisser seien. Sie gelobten, zu schweigen. Was ich getan habe, ist falsch und kindisch, ich weiß. Aber es ging eben um mein Leben - die Klinik. Was nun?«

Inspektor Stokker erhebt sich von der Ledercouch. »Keine Ahnung. Immerhin versuchten Sie, Karl Peters zu finden. Hätten sie das, wäre er vermutlich nicht an einem Herzanfall gestorben. Das spricht vor Gericht für Sie.«

Wochen später war in der Zeitung zu lesen: Arzt zu sechs Monaten Haft auf Bewährung und hoher Geldstrafe verurteilt. Klinik verkauft.

Heute glaubt kaum jemand, der die Klinik ›Unter den Linden‹ betritt, dass sich dort vor langer Zeit, in den Maitagen 1961, eine so traurige Sache zugetragen hat.

Du bist dran:

Wahr oder falsch?

Hat sich diese unfassbare Geschichte tatsächlich ereignet, oder ist sie frei erfunden?

Der blinde Seher

Philadelphia USA, 18. Juli 1999

Jason und Jane Baxter wären vermutlich niemals in ihrem Leben darauf gekommen, dass auch schon ihr elfjähriger Sohn Chester ein talentierter Detektiv ist. Doch dann ereignete sich diese höchst seltsame Sache ...

Die Baxters sind in der ganzen Stadt als hervorragende Privatdetektive bekannt. Sie betreiben ihre Detektei in der Lincoln Street, im Zentrum von Philadelphia. Bislang haben die Baxters jeden Gauner überführt, so schlau er sich auch angestellt haben mochte.

Chester liegt das Fragenstellen, Kombinieren von Fakten und das Querdenken im Blut - wie seinen Eltern. An diesem 18. Juli, gegen 15.32 Uhr nachmittags, ahnt Chester noch nicht, dass er diese Eigenschaften dringend benötigen wird.

»728 Dollar!«, ruft Chester begeistert. Er hat

gerade Zwischenkasse gemacht und die Einnahmen gezählt.

Seit neun Uhr am Vormittag hat Chester die Garage ihres Landhauses am Stadtrand von Philadelphia geöffnet. Geschäftstüchtig, wie er ist, hat er alte Sachen gesammelt, die von den Nachbarn nicht mehr gebraucht werden. Sein Flohmarkt läuft prima. Immer wieder bleiben vorbeifahrende Autos stehen, Leute steigen aus und kaufen, was sie irgendwie verwenden können: Bilder, Tassen, Kleider, Spiele ... Es scheint nichts zu geben, was nicht zu Geld zu machen ist. Und genau dieses Geld, Chesters Lohn für seine Mühen, sollte ihm jetzt zum Verhängnis werden.

»Das Geschäft läuft prima, Dad!«

Jason Baxter lächelt. Er freut sich, dass sein Sohn so ist, wie er selbst, die Zeit nicht mit Fernsehen und Telefon verschwendet, sondern sich mit sinnvollen Dingen beschäftigt. »Du solltest das Geld bei einer Bank einzahlen«, schlägt Sarah, Chesters zwölfjährige Schwester vor. »In einem Kochtopf ist es nicht gerade sicher.«

Chester hat Sarah zum Spaß als seine Leibwächterin und Partnerin eingestellt. Sarah liebt Reality-Spiele, wie sie den Flohmarkt nennt. Prompt hat sie deshalb Chesters Idee von diesem

Garagenverkauf zugestimmt.

Außerdem ist es lustiger, nicht allein auf Käufer warten zu müssen.

»Gute Idee, zur Bank zu gehen«, sagt Chester. »Ich hab gehört, dass schon Schuhe aus einem Schuhkarton gestohlen worden sind. Heutzutage ist nichts mehr sicher.«

»Und es wäre wohl keine gute Werbung für die Detektei Baxter, wenn wir ausgeraubt würden«, meint Sarah.

»Ganz deiner Meinung«, gibt Chester Sarah recht. »Wir gehen zur Bank, eröffnen ein Sparkonto und zahlen das Geld darauf ein. Sicher ist sicher.«

Vom Stadtrand bis in die Innenstadt sind es gut und gerne zehn Kilometer. Zu weit für das Fahrrad. Deshalb nehmen Chester und Sarah den Bus.

Eine Viertelstunde später steigen sie an der Haltestelle beim Kunstmuseum aus und laufen die letzten Meter zur Bank of America zu Fuß. Keine hundert Meter und nur mehr die letzte Straßenecke von der Bank entfernt, bleiben die beiden plötzlich wie versteinert stehen.

Peng! Peng!

»Chester, was ist das?«, fragt Sarah aufgeregt.

Peng! Peng!

Beide hören sie Knall um Knall.

»Hört sich nach Fehlzündungen eines Motors an«, sagt Sarah.

Chester schüttelt den Kopf. »Fehlzündungen klingen dumpfer. Das sind Schüsse.«

Im nächsten Augenblick sehen es beide. Die Glastür des Bankgebäudes fliegt auf und ein Mann hastet heraus. Der Kerl trägt eine rote Baseballkappe der Philadelphia Phillies, sein Gesicht verdeckt er mit einer schwarzen Wollmaske. Nur Augen und Lippen sind durch drei kleine Öffnungen zu sehen. In der einen Hand trägt er eine braune Einkaufstüte, in der anderen hält er eine Pistole.

»Überfall! Überfall!«, kreischt jemand fast hysterisch.

»Die Stimme kommt aus der Bank«, sagt Chester.

Er hat noch nicht ganz ausgesprochen, da setzt das Chaos auf der Straße ein. Mütter schnappen ihre Kinder und flüchten in die nächsten Geschäfte. Urlauber und Passanten gehen hinter parkenden Autos in Deckung, rennen schreiend davon oder werfen sich flach auf den Boden.

Der Bankräuber bleibt kurz stehen, blickt sich hastig in alle Richtungen nach einem Fluchtweg um. Eine Sekunde später entscheidet er sich:

Er macht kehrt und jagt in die entgegengesetzte Richtung davon - direkt auf Chester und Sarah zu.

»Da!«, ruft Chester Sarah zu und drängt sie zur Seite. »In den Hauseingang!«

Aus ihrem Versteck heraus beobachten die beiden, was nun passiert.

»Oh nein!«, zischt Sarah und schlägt sich die Hand vor den Mund.

In der Panik seiner Flucht achtet der Dieb nicht auf seinen Weg. Immer wieder wirft er einen Blick über seine Schulter zurück, um Verfolger auszuspähen. Niemand ist hinter ihm - aber vor ihm ...

Ein Bettler mit dunkler Brille und einer Blechtasse in der Hand tastet sich mit seinem weißen Blindenstock den Gehsteig entlang. Er steuert direkt auf den heranstürmenden Gangster zu. Und dann geht alles blitzschnell: Die beiden Männer stoßen zusammen. Stock und Tasse fliegen auf die Straße, Räuber und Bettler fallen auf den Bürgersteig und verkeilen sich ineinander wie raufende Jungs auf dem Schulhof.

Sirenen heulen herbei und werden schnell lauter.

»Die Polizei«, sagt Chester. Er und Sarah spähen aus der Türnische auf das Geschehen.

Am Gehsteig strampelt sich der Bankräuber frei

und flucht dabei einen Wasserfall von Schimpfwörtern. Er kämpft sich auf die Beine, ändert wieder seine Fluchtrichtung und verschwindet in dem Moment um den nächsten Häuserblock, in dem der Streifenwagen mit quietschenden Reifen vor dem Bankgebäude hält.

Zwei uniformierte Polizisten springen aus dem Wagen.

»Da rüber!«, ruft Chester und rennt auf die beiden Beamten zu. »Er ist um den Häuserblock geflüchtet!«

Sofort verfolgen die beiden Polizisten den Ganoven. Im Laufen machen sie per Funk Meldung und fordern Verstärkung an.

»Ganz schön mutig von dir, das Versteck zu verlassen, um der Polizei zu helfen«, sagt Sarah. »Der Kerl hätte zurückkommen und schießen können.«

»Ich hoffe, sie kriegen den Kerl jetzt«, sagt Chester und blickt zum Häuserblock, hinter dem der Dieb verschwunden war.

Nur Sekunden später trafen vier weitere Streifenwagen vor der Bank of America ein. Ein hagerer Mann in Uniform, mit rauer Stimme und einer Narbe im linken Mundwinkel stellte sich als Inspektor Miller vor.

»Als Augenzeugen muss ich eure Daten

aufnehmen«, erklärt er. »Wir riegeln den Tatort für die Spurensicherung ab, dann bringen wir euch auf das Revier. Wir müssen eure Zeugenaussage protokollieren - Vorschrift, tut mir leid.«

19.23 Uhr am Polizeirevier im 6. Bezirk, 235ste, Ecke 11te Straße.

Kurz vor Dienstschluss berichtet Inspektor Miller von den Ereignissen des Tages. Chester und Sarah sind ebenfalls noch im Büro des diensthabenden Officers. Eine ganze Reihe von Zeugenaussagen waren zu Protokoll gegeben worden.

»Der Kerl hat ein höllisches Tempo vorgelegt«, schildert Officer Spencer nicht ganz ohne Stolz. »Nach fünf Straßen hatten wir ihn aber eingeholt.«

»Und ehe der miese Verbrecher auch nur ein Wort sagen konnte, klickten die Handschellen«, fügt Officer Talbott hinzu, ein kleiner rundlicher Mann mit Glatze.

»Gute Arbeit«, lobt Inspektor Miller die beiden Streifenpolizisten. »Dennoch können wir ihn nicht wegen des Überfalls anklagen.«

Sarah zieht verwundert die Augenbrauen hoch. »Wieso das denn? Wir haben ihn aus der Bank flüchten sehen - vermummt mit einer Wollmaske. So geht doch sicher niemand zum Spaß in eine Bank.«

»Natürlich nicht«, erklärt Inspektor Miller. »Aber vor Gericht zählen nur Beweise, Indizien und Vermutungen reichen da nicht aus, um ihn hinter Gitter zu bringen.«

»Ohne sichergestellte Beute können wir dem Gauner leider nichts beweisen«, erklärt Officer Talbott.

»Das gestohlene Geld befand sich mit Sicherheit in der braunen Papiertüte, die er bei sich trug«, sagt Chester.

Inspektor Miller seufzt kurz auf. Dann geht er zu seinem Schreibtisch und öffnet eine Schublade. »Wisst ihr, was wir in dieser Papiertüte gefunden haben?«, sagt er nicht ganz ohne Enttäuschung.

Chester kommt der Inspektor vor, als fühle er sich an der Nase herumgeführt. »Ich rate«, sagt Chester. »Kein Geld ...«

»Geld?«, antwortet Inspektor Miller und lachte ärgerlich. »Von wegen Geld! Denkste! Das hier haben wir in der Tüte sichergestellt ...«

Der Inspektor wirft zwei Bücher, eine Banane und eine Packung Erdnüsse auf den Schreibtisch. »Der verdammte Hundesohn ist clever. Seit wir ihn festgenommen haben, schweigt er wie ein Grab.«

»Sind Sie sicher, dass Sie den richtigen Mann

erwischt haben?«, fragt Sarah.

»Das zu beweisen wird ein hartes Stück Arbeit«, sagt Officer Spencer. »Niemand kann ihn identifizieren, weil er diese Wollmaske und die Baseballmütze tief ins Gesicht gezogen trug. Dadurch war der Gauner praktisch unkenntlich.«

»Das stimmt«, pflichtet Chester dem Officer bei.

»Der Festgenommene trägt Nike-Turnschuhe, Jeans und eine schwarze Lederjacke«, erklärt Inspektor Miller weiter. »Der Kassier der Bank behauptet, der Räuber habe die gleiche Kleidung getragen. Und natürlich die braune Papiertüte. Aber wo ist das Geld?«

Schweigen macht sich breit.

Inspektor Miller, die Officers Talbott und Spencer, Sarah ... Alle Anwesenden denken angestrengt nach.

»Irgendetwas gefällt mir nicht an der ganzen Geschichte«, sagt Chester schließlich.

»Mir auch nicht«, erwidert Inspektor Miller missmutig. »Und zwar, dass ich den Kerl nur vierundzwanzig Stunden wegen ›Widerstandes gegen die Staatsgewalt‹ festhalten darf. Dann muss ich ihn laufen lassen.«

»Das meine ich nicht«, sagt Chester.

»Was dann?«

»Es ist nur so ein Gedanke, Inspektor ...«

»Raus mit der Sprache. Jeder Hinweis ist wichtig. Die Zeit drängt.«

»Ich kann mich natürlich auch irren, aber ...«

»Aber was, Chester?«, fragt Sarah voll Neugier. »Spuck's schon aus!«

Chester überdenkt seine Vermutung noch einmal.

Dann sagt er: »Bis vorhin sind mir in unserer Stadt noch niemals Bettler aufgefallen.«

»Du meinst diesen Blinden, der mit der Blechtasse in der Hand rumläuft?«, fragt Inspektor Miller.

»Ja.«

»Der ist harmlos. Nennt sich der ›Blinde Seher‹«, erklärt Officer Spencer. »Er verdient sich mit Wahrsagen ein paar Cent, legt die Hände auf die Stirn seiner Kunden und blickt in die Zukunft.«

»Mit Handauflegen ist wohl nicht sehr viel Geld zu verdienen«, überlegt Chester.

»Bestimmt keine Millionen«, sagt Officer Talbott. »Aber der Blinde hat Stolz, besteht darauf, sich alleine durchs Leben zu schlagen. Die Fürsorge würde sich jederzeit um ihn kümmern.«

»Wo wohnt der Blinde denn?«, lässt Chester nicht locker.

»In der 39sten, Lancaster Street«, antwortet

Spencer.

»Warum fragst du das?«, will Inspektor Miller wissen. »Ich kenne euch Baxters, du hast doch einen Verdacht, nicht wahr?«

»Ehrlich gesagt, nein«, murmelt Chester. »Ich bin mir da nicht ganz sicher.«

Officer Talbott runzelt die Stirn. »Klar hegst du einen Verdacht«, sagte er. »Die Detektei Baxter hat noch jeden Fall aufgeklärt. Ihr kombiniert doch messerscharf und um drei Ecken gleichzeitig.«

»Diesmal leider nicht«, sagt Chester.

»Okay Leute, wir vertagen die Ermittlungen auf morgen Früh«, beschließt Inspektor Miller. »Heute war genug los hier.«

Die Polizisten erledigen ihre letzten Arbeiten vor Dienstschluss.

Chester wendet sich kaum merklich an Sarah und flüstert ihr ein paar verstohlene Worte zu. »Ich muss noch etwas erledigen, wenn wir hier raus sind. Kann sein, dass ich dich brauche. Bist du dabei?«

»Was denkst du denn! Na klar!«, murmelt Sarah zurück.

Die Dämmerung bricht langsam herein, als Chester und Sarah die Backsteinbauten der 39sten

Straße mit dem Rad entlangfahren.

»Wer wohnt bloß in so einer Bruchbude?«, fragt Sarah verwundert, als sie vom Rad steigen und einen Hinterhof betreten.

»Der ›Blinde Seher‹«, antwortet Chester. »Ich muss ihn heute noch sprechen. Wenn ich mich nicht irre, ist es sehr wahrscheinlich, dass er morgen nicht mehr in der Stadt ist.«

»Und du glaubst, ein blinder Mann kann uns weiterhelfen?« Sarah klingt nicht gerade zuversichtlich.

»Ich hoffe. Blinde verfügen über hervorragend geschärfte Sinne. Sie sehen sozusagen mit ihren Händen«, erklärt Chester. »Hab ich mal wo gelesen.«

»Und?«, hakt Sarah nach.

»Weißt du noch, wie die beiden auf dem Bürgersteig lagen?«

»Klar. Die waren ineinander verstrickt wie ein Wollknäuel.«

»Exakt. Wenn der Blinde das Gesicht des Gauners durch die Wollmaske gefühlt hat, könnte er ihn bei einer Gegenüberstellung vielleicht wiedererkennen.«

»Ah! Jetzt bin ich dabei. Wenn er die Gesichtszüge des Festgenommenen abtastet, kann er bestätigen, ob tatsächlich der Bankräuber in der Zelle sitzt.«

»Das ist mein Plan, Sarah.«

»Clever, Bruderherz.«

Das baufällige Wohnhaus wird innen nur von spärlichen Glühbirnen ausgeleuchtet. Langsam steigen die beiden Detektive die knarrende Holztreppe hinauf. Im zweiten Stock gelangen sie an eine Tür, auf deren Adressschild der Name Chris Carter steht, darunter befindet sich ein gelbes Feld mit drei schwarzen Punkten.

Chester klopft an die Zimmertür mit der Nummer 28.

Pock, Pock, Pock ...

Nichts tut sich.

Niemand antwortet.

»He, Chester!«, flüstert Sarah plötzlich.

Jetzt sieht auch Chester, was Sarah meint.

»Sollen wir einfach ...«

Chester nickt Sarah zu.

Die Tür steht offen, ist nur angelehnt. Ein schmaler Lichtschein fällt auf den Gang heraus. Ganz leise, kaum hörbar, dringt Musik zu ihnen heraus: Filmmusik, Rocky III, Eye of the Tiger aus dem berühmten Boxerfilm, der in Philadelphia spielt.

Sarah drückt vorsichtig gegen die Tür. Jetzt steht

sie einen Spaltbreit offen und sie können in das Innere des Zimmers sehen. Der Raum ist klein, düster und schäbig eingerichtet. An der linken Wand steht ein Metallbett, Bettlaken und Polster sind verknittert und zerwühlt. An der gegenüberliegenden Wand befindet sich ein zerrissenes Sofa, eine Stehlampe daneben und davor ein zerkratzter, kniehoher Holztisch. Der schwache Schein der alten Leselampe fällt auf die Tischplatte, wo eine aufgeschlagene Zeitung liegt.

Plötzlich zuckt Sarah zusammen. »Was ist das?«

Sie hören mit einem Mal Geräusche hinter sich.

Tack, Tack, Tack ...

»Das Klopfen eines Stockes«, flüstert Chester.

Im gleichen Augenblick fällt ein Schatten über die beiden und der ›Blinde Seher‹ taucht hinter ihnen auf.

»Ist da jemand?«, fragt der breitschultrige Mann. »Mich hat schon lange niemand mehr besucht. Auch für heute Abend habe ich niemanden erwartet. Das ist eine angenehme Überraschung. Wollen Sie nicht hereinkommen und mein Gast sein?«

Der Mann hebt seinen Blindenstock.

»Nein, danke«, sagt Chester hastig. »Wir haben

162

uns in der Tür geirrt.« Eilig drängt er Sarah zurück zur Treppe und zerrt sie die Stufen hinunter. Erst, als sie wieder draußen im Innenhof stehen, lässt er sie los.

»Warum diese Hetze plötzlich?«, fragt ihn Sarah verwirrt. »Ich dachte, du wolltest ihn fragen, ob er den Gauner wiedererkennen würde?«

»Das hat sich erübrigt«, antwortet Chester und steigt auf sein Rad. »Der ›Blinde Seher‹ kennt den Bankräuber, weil er selbst Teil des Überfalls war.«

»Was soll denn das jetzt auf einmal, Chester?«

»Ich sag dir, wie das Ding gelaufen ist ...«

»Na, da bin ich aber gespannt.«

»Der Dieb ist diesem Bettler, dem ›Blinden Seher‹, auf dem Bürgersteig absichtlich nicht ausgewichen. Die beiden haben sich gewollt ineinander verkeilt ...«

»Wozu das denn?«, fragt Sarah.

»Sie haben Papiertüten ausgetauscht. Der ›Blinde Seher‹ schmuggelte dem Räuber die Tüte mit den Büchern, der Banane und den Nüssen zu. Er selbst übernahm gleichzeitig die Geldtüte. Vermutlich gegen eine ordentliche Beteiligung an der Beute.«

»Klingt schlüssig«, sagt Sarah. »Wir müssen sofort Inspektor Miller verständigen, ehe die vierundzwanzig Stunden ablaufen und der Gangster freikommt.«

Am nächsten Morgen, kurz vor Mittag, hatte sich Chesters Theorie bestätigt.

»Talentierter Spürsinn muss ich zugeben«, sagt Inspektor Miller anerkennend.

»Haben Sie die Beute gefunden?«, fragt Chester neugierig.

Inspektor Miller nickt. »Die Papiertüte mit dem Geld war tatsächlich in der Wohnung von diesem ›Blinden Seher‹ versteckt. In einem doppelten Boden im Schrank. Gratuliere euch. Hervorragende Detektivarbeit.«

Da geht die Tür zu Millers Büro auf und Officer Talbott steckt seinen kahlen Kopf herein. »Gute Nachricht, Chef: Die beiden haben den Überfall soeben gestanden.«

Du bist dran:

Wahr oder falsch?

Ist dieser Überfall jemals passiert oder ist er frei der Fantasie eines Schriftstellers entsprungen?

Und: Wie kam Chester dem ›Blinden Seher‹ auf

die Schliche?

DER GLÜCKSPILZ

München, 1. Mai 2007, ein Freitag

Gegen 11 Uhr am Vormittag sitzt Julia Steiner mit ihren gleichaltrigen Freunden Lars Bittner und Vera Kopp in der Pizzeria Panini im Tierpark Hellabrunn. Die drei Klassenkameraden lassen sich einen Pistazien-Eisbecher schmecken.

Julia ist elf, blond, hat Sommersprossen auf der Nasenspitze und erklärt mit Lars und Vera Zoobesuchern den Tierlehrgang ›Meereswelt‹. Mit diesen Informationswanderungen durch den Tierpark begeistert Hellabrunn jeden Sommer eine Menge Besucher. Vor allem die Erklärungen der jungen ›Lehrer‹ sind bei den Touristen äußerst beliebt - ebenso wie die Tierbeobachtungen.

»So eine Eispause tut wirklich gut«, sagt Vera.

»Ich freu mich trotzdem schon auf die Nachmittags-Tour durch das Aquarium«, meint Lars. »Und auf die Greifvogel-Show!«

»Du darfst die Greifvogel-Show kommentieren?« Julia kann es kaum glauben. Adler und Falken sind ihre Lieblingstiere. »Du Glückspilz!«

Die drei Zooführer lachen, genießen den sonnigen Tag und freuen sich, dass sie interessierten Gästen über die faszinierenden Künste der Tiere erzählen dürfen. So weit, so gut, an diesem 1. Mai 2007.

Doch dieser Tag sollte für die drei Freunde eine mehr als unerwartete Wendung nehmen.

»Ich sage euch, das hat noch niemand über diese gefährlichen Fische gehört. Die Leute werden aus dem Staunen nicht mehr herauskommen, verlasst euch drauf.« Lars erklärt Julia und Vera gerade, was er über den Amazonas und die darin lebenden Piranhas berichten wird.

Plötzlich kommt Marlene Mayer in die Pizzeria gestürzt. Die Wärterin des Elefantengeheges ist kreidebleich im Gesicht. Aufgeregt beugt sich Marlene über den Tresen und redet auf Giovanni Verdi ein.

»Was ist denn mit der los?«, fragt Vera kopfschüttelnd. So kennen sie Marlene, die ansonsten stets besonnene und in sich ruhende Tierpflegerin, überhaupt nicht.

»Die ist ja völlig außer sich«, sagt Lars.

»Kannst du laut sagen«, meint Julia.

Marlene überschüttet Giovanni mit einem Wasserfall an Worten. Dazu gestikuliert sie mit Armen und Händen - ungestüm und aufgedreht.

»Da ist irgendwas passiert«, sagt Lars.

Die drei Freunde horchen genauer hin, können jedoch nur unverständliche Satzteile und nichtssagende Wortsilben aufschnappen.

Das Gespräch mit Giovanni dauert keine zwei Minuten. Julia, Lars und Vera sehen, wie am Ende das Lächeln aus Giovannis Gesicht weicht.

Marlene Mayer verlässt die Pizzeria genauso schnell wieder, wie sie hereingestürmt war.

»Was ist denn in Marlene gefahren?«, fragt Julia, als sie ihre Essensmarken abgeben.

»Das zu erklären dauert viel zu lange«, sagt Giovanni und steckt die drei Bons in seine Geldtasche. »Kommt am besten mit. Einfach unvorstellbar ...«

Als die drei Freunde und Giovanni beim Verwaltungsgebäude des Tierparks ankommen, stehen bereits zwei Streifenwagen davor. Blaulichter blinken und uniformierte Polizisten haben alle Hände voll zu tun, die Schaulustigen zurückzuhalten.

»Da kommen wir nie durch«, sagt Vera.

Vor dem Eingang des Gebäudes wimmelt es vor neugierigen Besuchern wie in einem Bienenstock.

»Mit meiner Ellbogentechnik schaffen wir das«, sagt Lars. »Macht es wie ich ...« Und schon drängt und wühlt er sich, gebückt mit vorgestreckten Ellbogen, durch die Menschentraube.

»Zurück!«, bellt ein Polizist, als sie den Haupteingang erreichen. »Zurück, hab ich gesagt!«

Immer wieder drücken die sensationslustigen Zoobesucher die Menschenmenge nach vorn.

»Wir gehören zum Personal«, erklärt Julia. Dabei wird sie immer wieder nach vorn gestoßen auf den Polizisten zu.

»Kann jeder behaupten«, zischt der Streifenbeamte genervt.

Lars, ebenfalls ständig nach vorn geworfen, zieht einen Ausweis, der an ein grünes Halsband befestigt ist, unter seinem Pullover hervor. »Wir arbeiten in der Tierparkschule, als Tourführer.«

Der Polizist wirft einen Blick auf die bunte Plastikkarte. »Hättest du gleich zeigen können«, schnappt er. »Zweiter Stock!« Dann lässt er Lars, Julia und Vera vorbei in das Verwaltungshaus.

Giovanni hat mehr Mühe, sich durch den Personenschwarm zu kämpfen. Mit wenigen Minuten Verspätung schafft jedoch auch er es und betritt das Gebäude.

Im zweiten Stockwerk angelangt laufen sie

nach links auf die Westseite. Dort liegt das Büro des Zoodirektors. Vor der offenstehenden Tür tummeln sich Angestellte, Spurensicherer und Polizisten in ziviler Kleidung.

»Oh mein Gott!«, schlägt sich Vera die Hand vor den Mund, als es ihr gelingt, einen Blick in das Bürozimmer zu erhaschen. Sie spürt, wie ihr Herz zu rasen beginnt.

Lars kann auch kaum hinsehen. »Das ... Das ist nicht wahr!«

Die Beine ragen seitlich am Schreibtisch hervor. Rechter Arm und Hand sind zu sehen - reglos liegen sie auf dem Teppichboden, ein offener Brief daneben. Der lederne Bürostuhl ist umgestürzt. Heiko Fellners linke Hand umklammert ein leeres Glas.

»Sieht ganz nach einem klassischen Selbstmordversuch aus«, sagt Inspektor Lackner.

Ein Notarzt ist auch bereits vor Ort und kümmert sich um Heiko Fellner. Für einen Transport in das Krankenhaus bleibt keine Zeit mehr. Doktor Steiner und seine beiden Assistenten leiten sofort eine Notbehandlung ein. »Sauerstoffmaske!«, ordnet Dr. Steiner besonnen an. »Infusion - intravenös. Vorbereiten zum Magenauspumpen. Hoffentlich ist es nicht schon zu spät.«

Marlene Mayer kann nicht mehr. Bis hierhin hat sie tapfer gekämpft. Doch jetzt bricht sie in Tränen aus. »Ich darf gar nicht daran denken«, schluchzt sie kaum verständlich.

»Woran?«, fragt Lars, der direkt neben ihr steht.

»Noch vor einem halben Jahr hätte ich die Leitung des Zoos übernehmen sollen ...« Eine weitere Tränenwelle erfasst Marlene.

»Direktor Fellner hat den Tiergarten erstklassig geführt«, sagt Inspektor Lackner zu Giovanni, der ebenso fassungslos dasteht. »Können Sie das auch bestätigen?«

Giovanni nickt stumm.

»Erfolg ruft Neider auf den Plan, wenn Sie wissen, was ich meine ...«

»Sie meinen, Heiko wollte sich überhaupt nicht selbst umbringen?«, fragt Vera besorgt und traurig zugleich. Heiko Fellner war es gewesen, der sie, Lars und Julia in die Tierparkschule aufgenommen hat. Stets kümmerte er sich wie ein fürsorglicher Vater um die Drei - als wären sie seine eigenen Kinder, die er nicht hatte.

»Selbstmord ... So etwas Törichtes würde Herr Fellner niemals tun«, sagt Julia. »Er liebt seine Tiere und den Zoo. Sie brauchen ihn, diese Welt hier ist sein Leben.«

»Wisst ihr sonst noch etwas?«, fragt Inspektor Lackner. »Ist euch irgendetwas Verdächtiges oder Ungewöhnliches aufgefallen in den letzten Stunden und Tagen?«

Marlene schnieft, reibt sich die verweinten Augen. Dann sagt sie: »Heiko war ziemlich nervös, möchte fast sagen außer sich, als er heute Morgen die Post gelesen hatte.«

»Woher wissen Sie das, Frau Mayer?«

»Ich hatte eine Besprechung mit ihm. Wegen der Elefanten. Das Gehege braucht dringend einen neuen Zaun ...«

»Weiter. Was ist Ihnen noch aufgefallen?«

»Als ich in sein Büro kam, lag dieser Brief offen auf seinem Schreibtisch. Der arme Heiko! Nur ein Brief in der heutigen Post und der hat es so in sich. Er schien ihn noch nicht gelesen zu haben. Erst als ich nach unserer Unterredung wieder ging, griff er danach. Ich schloss die Tür hinter mir. Gleich darauf hörte ich dann dieses Poltern ...«

»Dann bist du sofort zurück in sein Büro ...«, sagt Julia.

»Natürlich. Da fand ich ihn so daliegend. Schrecklich! Einfach schrecklich!«

Marlene Mayer bricht erneut in Tränen aus.

»Ist das der Brief, der neben seiner Hand liegt?«,

fragt Lars.

Marlene schluchzt ein kränkliches ›Ja‹.

»Bertram!«, ruft Inspektor Lackner einem seiner Männer zu.

»Habt ihr die Spuren auf dem Brief gesichert?«

»Ja, Chef«, antwortet der große, schlanke Polizist.

»Dann her damit.«

Bertram händigt Inspektor Lackner das Schriftstück aus. Der Verfasser hat es kurz und bündig gehalten. In Windeseile hat Lackner es gelesen.

»Das Schreiben kommt von Claudia Rammstein, geschiedene Ehefrau Fellners und amtierende Direktorin des Hamburger Zoos. Darin teilt sie ihrem Exmann mit, die Stadt München könne sich gut vorstellen, ihrem Kaufangebot für Hellabrunn zuzustimmen.«

»Wie bitte!«, entfährt es Marlene. »Das glaub ich einfach nicht! So eine Gemeinheit. Claudia weiß genau, dass der Zoo Heikos Lebensinhalt ist. So eine gemeine Niedertracht!«

»Sehen Sie selbst«, sagt Inspektor Lackner und reicht Marlene den Brief.

»Das war wohl zu viel für Heiko«, sagt Giovanni.

»Er hat eine Überdosis Schlaftabletten geschluckt«, berichtet Dr. Steiner.

»Lebt er noch?«, fragt Lars zittrig.

»Wir haben ihm den Magen ausgepumpt. Er kommt davon. Aber er muss sofort ins Krankenhaus, auf die Intensivstation.«

»Wir sind hier fertig, Doktor«, erklärt Inspektor Lackner. »Bringen sie ihn sofort weg.«

»Für mich sieht das keinesfalls nach einem Selbstmordversuch aus«, sagt Julia.

»Wie bitte?« Inspektor Lacker blickt sie fragend an. Er weiß nicht, was er von dieser Aussage halten soll.

»Julia hat Recht, Herr Inspektor«, sagt Vera.

Lars nickt zustimmend.

Auch Marlene versteht nicht, was die drei Freunde da sagen. Verwundert starrt sie in die Runde. »Ich ... Ihr redet von ...«

»Du weißt nur zu gut, wovon wir sprechen, Marlene«, sagt Lars.

»Du warst doch als Zoodirektorin im Gespräch, nicht wahr?«, setzt Vera nach. »Jeder, der Heikos innige Verbundenheit zum Zoo kennt, kann sich leicht ausrechnen, dass eine solche Nachricht ihm einen Schock versetzt, vielleicht sogar einen Herzanfall auslöst ...«

»Aber ... Das ist doch wohl der Gipfel der Frechheit!«, ist Marlene empört.

»Du kommst jeden Tag mal in die Direktion«, sagt Vera. »Nichts leichter, als Heiko da deinen Brief unterzuschieben. Dein Pech nur, dass er ihn nicht gleich gelesen hat.«

Selbst Inspektor Lackner fällt auf, wie Marlene Mayer augenblicklich blass wird im Gesicht.

Jetzt bist du dran:

Wahr oder falsch?

Hat sich diese Geschichte im Zoo Hellabrunn jemals wirklich ereignet? Und warum glauben Julia, Lars und Vera, an einen Mordversuch durch Marlene Mayer?

Der grüne Mann

Gibt es Geister? Sind seltsam unerklärliche Erscheinungen wie Geisterboten aus dem Jenseits, ruhelose Mumien und Wiedergeborene übersinnliche Phänomene? Sind sie reine Erfindungen von Schriftstellern oder gibt es plausible wissenschaftliche Erklärungen für sie?

Lies die folgende Geschichte sorgsam und bilde dir anhand der Tatsachen dein eigenes Urteil.

Wir schreiben das Jahr 1934.

Die meisten Geister sind harmlos. Traurig und schwermütig in ihrem Inneren, Angst einflößend für andere, aber harmlos.

Jedoch bei einer Art von Geist scheint dies anders zu sein. Ich spreche von einer Geisterart, die mit Vorliebe in Zimmern oder Häusern erscheint, in denen Kinder und Teenager zuhause sind. Diese Geister machen sich anfangs durch Geräusche und Klopfzeichen bemerkbar. Nach und nach werden sie dreister und wollen schließlich von der Person, der sie erscheinen, Besitz ergreifen. Die Rede ist von Poltergeistern.

Manche Geister scheinen dazu verdammt zu sein, bis sie den richtigen jungen Menschen finden, der ... Aber sieh selbst.

Liz Keel ist 16 Jahre alt und führt im Jahre 1934 Tagebuch.

24. Juni

Wir, die Familie Keel - mein Vater, meine Mutter und ich - wohnen den ersten Tag in Ash Manor. Das alte Herrenhaus in Sussex, England, wurde im 13. Jahrhundert erbaut. Warum der Vorbesitzer das wunderschöne Gebäude zu einem so günstigen Preis verkauft hat, weiß ich nicht. Er wollte nur weg von hier, hat er gesagt.

Ich hoffe innig, dass wir hier wieder glücklich werden. Das Anwesen ist so friedlich, ruhig und verlassen. Vor allem hoffe ich, dass Vater in unserem neuen Heim nicht länger unglücklich ist, dass er seine Niedergeschlagenheit überwinden kann. Wir wissen nicht genau, warum er so betrübt ist. Vermutlich ist es der Stress mit seinen Geschäften und den vielen Kunden, die nicht immer nett sind. Hier, in Ash Manor, wird er abends Ruhe finden und gesund werden. Ich wünsche es ihm und uns so sehr!

Ash Manor ist so groß, ich habe ein eigenes Schlafzimmer und einen Arbeitsraum, in dem ich schreibe und lese.

Es ist richtig aufregend, in einem Haus zu leben, das über sechshundert Jahre alt ist. In Gespensterbüchern sind solche Häuser oft unheimliche Spukhäuser, in denen ihre Bewohner wahre Albträume erleben.

25. Juni

Ich bin hundemüde. Heute Nacht habe ich kein Auge zugemacht. Mir war klar, dass unsere Dienstboten einige Stunden brauchen würden, um unsere Umzugssachen auszupacken und einzuräumen. Aber dass sie die Nachtstunden durcharbeiten ...

»Ihr seid fleißige Leute, wenn ihr sogar nachts durcharbeitet«, habe ich heute Morgen zu McArthur gesagt, als er mein Zimmer lüftete. »Ich habe Sie während der Nachtstunden im Haus herumgehen hören.«

»Verzeihung, Mrs. Liz, ich verstehe nicht?«, antwortete McArthur verwirrt. »Wir sind alle eine Stunde vor Mitternacht im Bett gewesen.«

McArthur tischte mir natürlich eine Ausrede auf. Vaters graue Gesichtsfarbe und die Ränder unter seinen Augen waren der beste Beweis dafür. Auch er hatte keine Minute geschlafen.

Überhaupt kam mir Vater schon beim Frühstück sonderbar vor. Er schien in Gedanken weit weg zu sein, tief in sich gekehrt. Fast geistig abwesend starrte er auf die Zeitung und sprach kaum ein Wort. Scheint, als müssen wir uns erst alle an die neue Umgebung gewöhnen.

Ich bin sicher, die zweite Nacht in Ash Manor werden wir erholsamen Schlaf finden.

26. Juni

Schon merkwürdig. Auch heute Nacht drehte ich mich wach von einer Seite zur anderen. Der Schlafmangel zerrt an unseren Nerven, wir reagieren angespannt und nervös.

Kurz nach Mitternacht hatte ich die Nase voll vom herumtrampeln und vom ständigen möbelrücken der Dienstboten. Ich lief nach oben in ihren Schlaftrakt, wollte um Ruhe bitten. Aber keiner der Hausangestellten war anzutreffen. Trotzdem hörte ich diese Geräusche. Sie klangen wie ... schlurfende Schritte ... auf Holzdielen. Ich lauschte - und stellte fest, dass der sonderbare Lärm offenbar von noch weiter oben kam, vom Dachgeschoss.

»Unmöglich, Mrs. Liz«, beteuerte McArthur, als ich ihn heute Vormittag draußen auf der Veranda wegen der Schritte ansprach. »Der Dachboden hat einen Steinboden. Und ich versichere Ihnen, weder ich noch sonst irgendjemand vom Personal hat derartige Geräusche gehört.«

Unser Butler klang zweifellos unruhig bei seinen Worten. Ein untrügliches Zeichen dafür, dass er lügt. Je mehr ich nachdenke, umso sicherer bin ich mir, dass er versucht, etwas vor uns zu verheimlichen.

Ich habe Vater von den Vorfällen erzählt. Ich habe ihn noch nie so fertig gesehen, wie heute.

»Kein Grund zur Sorge, Liz«, beruhigte er mich. »Ich habe mit den Bediensteten gesprochen. Sie meinen, ein unheimlicher Fluch liegt auf Ash Manor. Alten Legenden zufolge soll es hier spuken. Natürlich alles blanker Unsinn. Du hast wahrscheinlich Turmfalken gehört, die am Dachboden nisten.«

Vermutlich hat Vater recht. Ich fragte noch Mr. Calvin, unseren Gärtner. Immerhin arbeitet er schon über zehn Jahre auf Ash Manor. Mr. Calvin lenkte aber sofort vom Thema ab. »Entschuldigen Sie, Mrs. Liz«, hat er hastig gesagt, »ich muss dringend wieder an die Arbeit!«

27. Juni

23.57 Uhr. Ich kann meine Augen kaum offen halten, so müde bin ich. Ein merkwürdiges Geräusch hat mich aus dem Dahindösen gerissen. Es kam vom Korridor vor dem Schlafzimmer.

Ich stieg aus dem Bett und öffnete die Zimmertür. Entschlossen trat ich hinaus auf den Gang und ... »Vater! Was ist passiert?«

Ich konnte nicht glauben, was ich sah:

»Hilf mir, Liz«, sagte Mutter. »Wir müssen ihn auf das Bett legen!«

Vater stand geistesabwesend wie ein Schlafwandler vor Mutters Schlafzimmertür und murmelte unverständliche Laute vor sich hin.

Zusammen gelang es uns, Vater in einen Stuhl zu ziehen.

»Danke, Liz. Geh jetzt zurück in dein Zimmer«, sagte Mutter.

»Nein«, wehrte Vater ab. »Sie ist alt genug, um es zu erfahren.«

»Wir haben vereinbart, Gilbert, sie nicht mit deinen Nervenleiden zu belasten.«

»Es sind nicht meine Nerven, Victoria«, sagte Vater angestrengt. »Gib es zu: Du hast es auch gehört!«

Mutter senkte den Kopf - und nickte stumm.

»Was ist hier los, Vater?«

Vater blickte mich aus müden Augen an. »Ich hörte es heute Nacht. Ich lag wach, konnte wieder nicht schlafen, las deshalb im neuen Roman. Da klopfte es an meiner Tür. Tock! Tock! Tock! Ich öffnete, aber vor der Zimmertür stand niemand ...«

»Dann bist du zu Mutter gegangen?«

»Ja. Sie hat das Klopfen auch gehört. Ich irre mich nicht, meine Nerven sind vollkommen in Ordnung.«

In dieser Nacht konnte niemand von uns mehr schlafen.

28. Juni

Diesmal habe auch ich es gehört. Ein Klopfen an Vaters Tür, Irrtum ausgeschlossen!

Ich sprang aus dem Bett, lief aus dem Zimmer und sah Vater.

Wie ein kleiner verängstigter Junge stand er am Korridor. Zitternd hockte er mit dem Rücken zur Wand neben einer Ritterrüstung.

»Ich ... Ich hab ihn gesehen ...«, stammelte er. »Ich hab das ... Etwas gesehen, das den Lärm macht!«

»Was hast du gesehen, Vater?«, fragte ich

aufgebracht.

Wieder schleppten wir ihn in Mutters Zimmer und setzten ihn in einen Stuhl. Nach einem Schluck Wasser erzählte Vater.

Wenige Schritte vor mir stand ein kleinerer, älterer Mann mit Schlapphut, grünem Kittel und sehr schlammigen Hosen ...«

»Hast du ihn angesprochen, Gilbert?«, wollte Mutter wissen.

»Ja. Aber ich bekam keine Antwort. Er schien mich nicht zu hören. Also ging ich auf ihn zu und nahm ihn ... nein, wollte ihn an der Schulter nehmen, aber ...«

»Aber was?« Ich spürte Vaters innere Aufregung.

»Meine Hand griff einfach durch ihn hindurch! Als würde ich durch einen Lichtstrahl fassen. Ich rieb mir die Augen wach, traute ihnen nicht. Als ich sie wieder öffnete, war der grüne Mann verschwunden.«

»Mr. Calvin kann uns bestimmt sagen, was das war«, sagte Mutter.

»Du hast den Geist auch gesehen?«, rief ich erstaunt.

»Ich ... Nun ich habe auch Etwas gesehen, Liz. Ich sah es am Korridor auf die Tür deines Vaters zu ... schweben und ...«

»Und was dann?«

»Er hob den Kopf. Ich sah, was ... was unter seinem Halstuch war.«

»Was?«

Mutter schwieg. Dann flüsterte sie: »Bete, Liz, dass du das niemals sehen musst!«

2. Juli

In den letzten Tagen war die Hölle los in Ash Manor. Ich habe den Geist, den grünen Mann, selbst gesehen!

Unseren Hausangestellten ist er auch begegnet. McArthur hat daraufhin seinen Dienst gekündigt und ist noch am selben Tag abgereist. Wir sind alle mit den Nerven am Ende.

Vater sah keinen anderen Ausweg mehr. Deshalb haben wir ein Medium eingeladen - eine Spiritistin, jemanden, der mit Geistern sprechen und herausfinden kann, wer die ruhelose Seele ist und was sie will.

Wir beten jetzt jeden Tag und schlafen zusammen in einem Zimmer. Ich hoffe, das hilft.

3. Juli

Es fällt mir schwer, an Spiritismus zu glauben.

Doch was das Medium, Eileen J. Garrett tat, erstaunte uns alle zutiefst.

Schon als sie das Haus betrat, sagte sie: »Ja. Ich spüre das Problem. Ganz deutlich.«

»Unsinn«, grummelte Mr. Calvin.

Mrs. Garrett beachtete ihn aber nicht. »Ich ... ich nehme Schmerz wahr«, sagte sie stattdessen. »Jemand leidet furchtbar.«

Wir folgten Mrs. Garrett durch die Räume des Hauses. Nach rund zehn Minuten erreichten wir den ältesten Teil der Gemäuer. »Hier!«, rief Mrs. Garrett plötzlich und blieb abrupt stehen. »Hier werden wir versuchen, mit ihm in Kontakt zu treten.«

Wir standen in einem Kaminzimmer mit Bücherregalen, Tisch und Stühlen.

»Was müssen wir dazu tun?«, fragte Vater unsicher.

»Setzen Sie sich alle um den Tisch«, sagte Mrs. Garrett. »Ziehen Sie bitte die Vorhänge zu und entzünden Sie eine Kerze.«

Wir taten, was die Spiritistin anordnete.

»Ich habe eine Verbindung in die Geisterwelt«, begann Mrs. Garrett, als wir um den Tisch saßen. Unsere Schatten fielen im trüben Kerzenschein auf die Tischplatte. »Mein Kontrollgeist von drüben heißt Uvani. Haben Sie keine Angst, wenn ich mich während der Sitzung verändere. Schließt jetzt alle die Augen, konzentriert euch auf die gehörten Geräusche und fasst euch an den Händen. Dann öffnet ihr die Augen langsam wieder.«

Wir gehorchten. Nicht einmal unser Atmen war zu hören, obwohl jeder gespannt war. Wie lange wir so dasaßen, weiß ich nicht.

Eine Minute vielleicht. Dann sprach Mrs. Garrett mit einer kräftigen Männerstimme. Uvani sprach zu uns.

»Ein Mann geht in diesem Hause um. Er möchte zu euch sprechen.«

»Wer ist der Mann?«, fragte Vater.

»Charles Edward. Er hat eine Rebellion begonnen, wurde gefangen genommen, gefoltert und als Krüppel zurückgelassen«, sagte Uvani - oder Mrs. Garrett.

»Warum spukt er in Ash Manor umher?«, fragte Mutter.

»Charles Edward leidet unendlich. Er spürt, dass in diesem Haus eine zweite Person seelische Schmerzen erduldet. Geister können sich nur in der Gegenwart von Menschen zeigen, die sehr unglücklich sind. Dann entzieht der Geist dem unglücklichen Menschen dessen Energie und kann sich so selbst wiederbeleben. Leiden gesellt sich zu Leiden.«

»Wer hat ihn eingesperrt?«, fragte ich.

»König Edward, sein Halbbruder«, antwortete Uvani.

»Charles soll verschwinden! Er ist tot!«, rief Vater.

Das schien die Verbindung zu Uvani zu kappen. Mrs. Garrett blinzelte und ließ meine Hand los.

Sie kommt morgen wieder. Wir wollen mit Charles Edward direkt sprechen.

4. Juli.

Eileen J. Garretts Gesicht veränderte sich merkwürdig, als Charles Edward von ihr Besitz ergriff. Wir hielten alle den Atem an. Ihr Gesicht wurde das Gesicht des grünen Mannes mit dem Schlapphut. Dann sprach Charles Edward.

»Nie wollte ich die Krone besitzen und König sein. Nur mein Land wollte ich zurück, das mir der Earl von Huntingdon geraubt hat. Mein Aufstand wurde verraten. Mein Halbbruder König Edward ließ mich hier in den Kerker werfen, foltern und verkommen.«

»Warum spukst du hier herum?«, fragte Vater.

»Ich verlange nach Rache, nach gerechter Strafe

- für meine Freunde, die mich verraten haben, für meinen Bruder, der mich quälte.«

»Sie alle sind tot«, sagte ich. »Seit Langem schon.«

»Ich bleibe, bis sie gerecht bestraft worden sind.«

Ich weiß nicht warum, aber irgendwie tat mir der gebrochene Charles Edward leid.

»Wir werden nie von diesem Spuk befreit«, stöhnte Mutter.

5. Juli

Mr. Calvin hat gebeten, bei uns vorsprechen zu dürfen. »Diese Mrs. Garrett ist eine Betrügerin«, sagte er.

»Wie kommen Sie zu diesem Schluss?«, fragte Vater.

»Ich interessiere mich seit vielen Jahren für die Geschichte meiner Heimat«, erklärte Mr. Calvin. »Es hat nie einen Aufstand gegeben. In keiner einzigen alten Schrift ist die Rede von einer Rebellion. Mrs. Garretts Geschichte ist spannend, aber Unsinn. Und noch etwas: Der Geist hat nicht gesagt, wessen Halbbruder er ist. An wem will er sich nun rächen? An König Edward dem Vierten oder dem Fünften?«

»Wer ist dann der grüne Mann?«, fragte ich.

»Wir haben ihn alle gesehen.«

»Ich habe nur eine Erklärung dafür ...«

»Und welche?«, fragte Mutter ungeduldig.

»Leiden gesellt sich zu Leiden«, hat Eileen Garrett gesagt. »Sie, Mr. Keel, sind offenbar unglücklich. Ihr Unglücklichsein ist es, das den Spuk hervorruft. In Ash Manor gibt es Geistererscheinungen, weil Sie das so wollen. Sie brauchen den grünen Mann, um mit Ihren inneren Spannungen ringen zu können.«

Ich blickte Vater an. Er leugnete nicht, unzufrieden zu sein.

»Dann ist dieser grüne Geist dem Kopf meines verdrossenen Mannes entsprungen?«, fragte Mutter.

»Ja«, antwortete Mr. Calvin. »Wenn Mr. Keel wieder glückselig ist, dann wird der Geist verschwinden. Denken Sie alle daran: Glück zieht Glück an. Seien Sie glücklich, vergessen Sie die unwichtigen Dinge, die uns im Leben manchmal ärgern. Sehen Sie das Große ineinander, das positiv Gute.«

»Glück ist also die Medizin gegen Geister«, sagte ich nachdenklich.

Mr. Calvin nickte nur.

Noch weit über Mitternacht hinaus sprachen

Vater, Mutter und ich darüber, was wir alle zu tun haben, damit Vater wieder glücklich und wir eine von Freude erfüllte Familie werden. Zu einer Familie ohne Geist, ohne grünen Mann.

6. Juli
Heute Nacht haben wir tief und fest geschlafen.

Du bist dran:

Wahr oder falsch?
Hat es den grünen Mann je gegeben?

GEISTERBILDER?

Wien, November 2015

Ich bin Lukas Romney und kann diese komische Geschichte im Nachhinein noch immer nicht glauben. Kann so etwas überhaupt geschehen? Aber der Reihe nach.

Wie jedes Jahr um diese kalte Jahreszeit befinde ich mich mit meinen beiden engsten Freunden, Ben Tiller und Saskia Wilson auf dem Weg zum Rathaus.

»Die Buchtage hier sind einfach der Hammer!«, freut sich Saskia.

Sie hat recht. Die Buchmesse im Rathaus Wien ist der Höhepunkt im Jahr von Leuten wie uns. Wir drei haben nicht viel, aber eines gemeinsam: Wir lieben coole Bücher. Wir sind hungrig nach spannenden, gruseligen und lustigen Büchern. Und heute, Tag zwei der Messe, stehen eine Menge

Buchvorstellungen an, die wir uns auf keinen Fall entgehen lassen.

Um 9.27 Uhr betreten wir den großen Saal. Wir bahnen uns einen Weg durch die vielen anwesenden Schulklassen. Nur ein Platz in den vorderen Reihen kommt für uns infrage. Schließlich möchten wir jedes Detail der Lesungen hören.

Alle Buchpräsentationen in den ersten zwei Tagen waren bis auf den letzten Platz besetzt gewesen. Und auch heute ist es nicht anders. Hunderte Schüler sitzen auf den Samtstühlen und warten gespannt auf die auftretenden Figuren aus den neuesten Romanen, während die Autoren dazu lesen. Alles läuft wie an den Vortagen, doch dann plötzlich …

Punkt 10 Uhr verlässt Dennis Parker, der Leiter des Verlagshauses ›Parker & Parker‹ seinen Messestand. Er ist in Eile. Um 10.15 Uhr ist sein Bestsellerautor, Ronald Totsch, an der Reihe und liest aus seinem neuesten Thriller ›Kinder, morgen wird's was geben!‹.

Dennis ist auf dem Weg in den Lesesaal. Oben auf der Bühne, von schwarzen Vorhängen umringt und einem grellen Scheinwerfer beleuchtet, trägt Clarissa Brand aus ihrem Fantasieroman ›Lost Island - Verlorene Insel‹ vor. Elfen, Feen und Riesen tanzen auf der Bühne herum, und leise Musik begleitet die sanft gesprochenen Worte.

So weit, so gut. Aber dann ...

Petra Molnar, Chefin des Verlages ›Action-Land‹, sitzt zu dieser Zeit in ihrem kleinen Messestand. Sie liest eine Zeitung, blickt dabei kurz auf und sieht Dennis Parker Richtung Lesesaal weggehen.

Ein, zwei Minuten verstreichen.

Nichts Ungewöhnliches passiert.

Plötzlich blickt Petra verstört von ihrer Lektüre auf. Irgendetwas hat sie eben aus ihrer Konzentration gerissen. Etwas, das sie ganz verstört wirken lässt.

»Was zum Teufel ... Was war denn das?«, murmelt Petra ungläubig.

Für Sekunden wagt Petra nicht, sich zu bewegen. Sie blickt sich verstohlen um. Ist sie die Einzige, die das gesehen hat? Sie wartet einen Moment lang die Reaktionen der übrigen Leute ab. Doch niemand scheint gesehen zu haben, was Petra eben beobachtet hat. Niemand sagt etwas, kein Mensch spricht sie darauf an.

»Seltsam«, sagt Petra zu sich selbst. »Na ja. Vielleicht habe ich da einen Werbetrick oder ein neues Verlagsmaskottchen nicht mitbekommen.«

Im Messestand von ›Parker & Parker‹ war soeben ein menschengroßer Fuchs verschwunden.

Petra reibt sich die Augen und schaut noch einmal Richtung Messestand. Keine Spur von einem zweibeinigen Fuchs.

Dass der rote Samtvorhang des Messestandes sich zu diesem Zeitpunkt noch ein wenig bewegt, entgeht Petra Molnar.

»Ich brauch mehr Ruhe, meine Nerven«, murmelt Petra und widmet sich wieder ihrer Zeitung. »Ich sehe schon Geisterbilder vor lauter Stress.«

Was dann passiert, wäre vielleicht nicht geschehen, hätte Petra ihren Augen vertraut.

Die entsetzlichen Schreie dringen um 10.44 Uhr aus dem Messestand von Dennis Parker. »Hilfeee! Haltet den Dieb! Überfall!«

Von einer Sekunde auf die andere herrscht helle Aufregung im Lesesaal. Die Musik bricht ab, Ronald Totsch sucht mit fragenden Augen nach Dennis Parker. Wie soll er unter diesen Umständen nur lesen? Aber er sieht nur mehr, wie Dennis Parker aus dem Saal stürmt.

Ben, Saskia und ich treffen nur Sekunden nach Dennis Parker bei seinem Messestand ein.

»Wenn ich den in die Finger kriege!«, brüllt Dennis. Der hagere, groß gewachsene Verleger

rauft sich verbittert mit beiden Händen die silber-
grauen Haare. Er ist knochenbleich im Gesicht,
scheint dem Herzinfarkt nahe.

»Was ist passiert?«, frage ich.

Dennis Parker bringt kaum ein Wort zustande.
Verbissen ringt er nach Luft. »Die Tageseinnah-
men ... Die gesamte Kasse ...«

»Leer? Geraubt?«, fragt Saskia.

Dennis und seine Assistentin, Jelena Ellins, nicken stumm. Jelena ist ebenso kreidebleich im Gesicht wie Dennis. Mit schmerzverzerrtem Gesicht
reibt sie sich die dicke Beule am Hinterkopf.

»Haben Sie jemanden gesehen?«, fragt Ben
Jelena.

»Wie denn!«, schnappt Jelena giftig zurück und
verweist mit dem Finger auf ihre Kopfbeule.

»Aber irgendetwas müssen Sie doch bemerkt
haben«, beharrt Ben. Als begeisterter Freizeit-
Detektiv ist er nicht weniger hartnäckig bei Be-
fragungen als Saskia und ich - etwas, das wir von
unseren Eltern mitbekommen haben, die ihr Geld
als Privatdetektive verdienen.

»Ich bückte mich gerade, um ein paar neue
Bücher in die Regale zu räumen«, erklärt Jelena.
»Da trifft mich ein harter Schlag am Schädel. Ich
spürte noch, wie mir die Knie weich wurden und

die Bilder vor mir verschwammen, dann wurde es schwarz vor meinen Augen.«

»Über 2900 Euro sind verschwunden«, klagt Dennis Parker und schlägt die Hände über dem Kopf zusammen.

»Wir rufen besser Inspektor Winter an«, schlage ich vor.

Plötzlich blickt Dennis Parker uns misstrauisch an. »Wer seid ihr denn überhaupt? Wo kommt ihr her? Wartet mal ...«

»Kein Grund zur Sorge, Herr Parker«, wehre ich sofort ab. »Wir sind keine Diebe. Im Gegenteil, unsere Eltern betreiben renommierte Privatdetekteien. Wir wollen Ihnen nur helfen, Ihr Geld zurückzubekommen.«

Ein paar Sekunden lang starrt Dennis Parker uns noch nachdenklich an. Dann hole ich mein iPhone aus der Tasche und wähle die Nummer von Inspektor Quentin Winter.

Keine fünfzehn Minuten später trifft der Inspektor auf der Buchmesse ein. In kurzen, präzisen Worten, wie das bei Ermittlern üblich ist, erklären Ben, Saskia und ich ihm die Faktenlage.

»2900 Euro ist eine Menge Geld«, bestätigt Inspektor Winter und steckt seinen Notizblock ein. Dann ruft er mit dienstlich strenger Stimme in den großen hohen Prunksaal hinein: »Hat irgendjemand am Stand von ›Parker & Parker‹ etwas Verdächtiges bemerkt, gehört oder gesehen?«

Einige Augenblicke verstreichen.

Niemand meldet sich.

»Wer etwas verschweigt, macht sich mitschuldig!«

Wieder nichts.

Betretene Stille.

Erst nach fast weiteren drei Minuten tritt Petra Molnar an uns heran. Sie wirkt schüchtern, fast verunsichert.

»Haben Sie etwas gesehen?«, frage ich gleich.

»Ich führe hier die Ermittlungen, Luke.«

»Ich bin mir nicht sicher«, beginnt Petra verzagt. »Wissen Sie, ich bin ziemlich gestresst. Da sieht oder bildet man sich schon ab und zu Dinge ein, die ...«

»Ich verstehe«, sagt Inspektor Winter ruhig. »Jede noch so kleine Beobachtung ist für uns wichtig. Jedes Ihrer Worte wird von mir - uns - streng vertraulich behandelt.«

Petra atmet erleichtert auf. Dann spricht sie ganz leise: »Es war ein Fuchs. Menschengroß, auf zwei Beinen gehend. Er verschwand hinter dem roten Vorhang. Blitzschnell. Zuerst dachte ich, ich

habe eine Halluzination, zu viel gelesen oder so ...
Da geistern einem die Romanfiguren schon mal lebendig im Kopf herum. Aber dann sagte ich mir:
›Bei so etwas irrt man sich doch nicht!‹«.

»Und haben Sie sich geirrt?«

»Nein, ganz bestimmt nicht«, ist sich Petra immer sicherer. Sie kramt ein Programmheft der Buchmesse aus ihrer Jacke. »Sehen Sie hier, Herr Inspektor ...«

»Sieh einer an. Das ist ja interessant«, zieht Quentin Winter eine Augenbraue hoch.

Petra Molnar zeigt auf einen Fuchs, der einen Roman in den Händen hält. »Das ist der Fuchs aus dem Thriller ›Fuchsjagd‹. Bestimmt tritt er während der Buchpräsentation auf der Bühne auf.«

»Dann haben wir den Kerl gleich«, meint Dennis Parker erleichtert.

»Da gibt es leider ein Problem«, sage ich.

»Ein Problem?« Inspektor Winter sieht mich fragend an.

»Wir haben das Buch schon gelesen«, sagt Saskia.

»Na und?«

»In dem Roman treten zwei identische Füchse auf.«

»Zwillingsfüchse?«, fragt der Inspektor erstaunt.

Ich nicke.

»Demnach gibt es hier zwei als Maskottchen verkleidete Personen«, überlegt Quentin Winter. »Ich werde den beiden ein paar Fragen stellen.«

»Zwecklos«, werfe ich ein.

»Wie bitte?«

»Bestimmt haben die beiden mitbekommen, was hier abläuft und sich einen Plan zurechtgelegt, ihre Geschichte abgestimmt.«

»Wir brauchen eine List, um sie aus der Deckung zu locken«, sagt Ben.

»Genau. Und ich habe da auch eine Idee für die Befragung der ›Füchse‹. Jelena, niemand darf dich sehen.«

Dann legen wir los.

11.15 Uhr.

Wir betreten das Kaffeehaus im oberen Stockwerk des Rathauses. An einem der hinteren Tische sitzen zwei junge Frauen mit nussbraunem Haar. Sie gönnen sich eine Tasse Kaffee und lachen, als wir an sie herantreten.

»Ulla und Ulli Stein?«, fragt Inspektor Winter.

Die beiden Frauen verstummen und blicken uns fragend an. »Ja«, sagt die sommersprossige Ulla Stein schließlich. »Was ist?«

»Sie werben für den Roman ›Fuchsjagd‹?«, frage ich.

Die beiden jungen Damen nicken. »Was soll das?«, fragt Ulli Stein.

»Wo waren Sie vor einer Stunde?«, fragt Ben.

»Dürfen die überhaupt solche Fragen stellen?«, zischt Ulla etwas genervt in Richtung des Inspektors.

»Nein. Aber ich stelle Ihnen dieselben Fragen.«

»Schon gut«, wehrt Ulla sofort ab. »Wir haben nichts zu verbergen.«

»Wir schlenderten die Kärntner Straße entlang, sahen uns den Stephansdom an«, erklärt Ulli Stein. »Vor etwa fünfzehn Minuten kamen wir hierher, um einen Kaffee zu trinken. Wir treten in einer halben Stunde auf. Warum wollen Sie das wissen?«

»Vor einer Stunde wurde der Messestand von ›Parker & Parker‹ ausgeraubt«, erkläre ich.

»Verzeihung, aber damit haben wir nichts zu tun«, sagt Ulla entschieden. »Sie verschwenden Ihre Zeit.«

»Es gibt eine Zeugin«, sagt Inspektor Winter.

»Und wenn schon ... Ich war es sicher nicht«, bleibt Ulla Stein gelassen. »Beweist mir das Gegenteil.«

»Das ist nicht das Problem«, antworte ich.

»Was dann?«, fragte Ulli Stein.

»Jelena Ellins, die Assistentin von Dennis Parker, hat vom Täter einen schlimmen Schlag auf den Hinterkopf bekommen. Sie glaubte, nur eine Beule abbekommen zu haben. Vor wenigen Minuten wurde ihr jedoch plötzlich übel. Sie sackte in sich zusammen und ist gestorben. Vermutlich an inneren Verletzungen. Vor wenigen Minuten erst, noch am Messestand. Der Notarzt ist noch nicht einmal eingetroffen, so schnell ging das.«

Ich hatte kaum ausgesprochen, da bemerkten wir, wie Ulli Stein nervös wurde.

»Du hast sie geschlagen und tödlich verletzt?«, zischt sie Ulla wie aus heiterem Himmel an.

»Was soll denn der Blödsinn, Ulli!«, wehrt sich Ulla Stein. »Bist du übergeschnappt?«

»Du schuldest jemandem Geld, das weiß ich genau. Du selbst hast es mir gebeichtet, Ulla! Du schleichst schon seit Messebeginn so merkwürdig zwischen den Ständen herum.«

»Das ist eine glatte Lüge! Herr Inspektor, Sie müssen mir glauben!«

Inspektor Winter blickt nur verblüfft zwischen den beiden aufgebrachten Schwestern hin und her. »Wo waren Sie um 10.15 Uhr - zur Tatzeit?«, fragt er Ulla Stein.

»In der Stadt, haben wir doch schon gesagt.«

»Gut«, sage ich. »Dann hole ich jetzt die Zeugin, Petra Molnar.«

Ulli lacht auf, fast hysterisch. »Das ist doch ein fauler Trick, ein Bluff ...!«

»Genau«, stimmt ihr Ulla zu. »Egal auch. Holen Sie Ihre Zeugin. Was beweist das schon? In ein Fuchskostüm kann jeder schnell schlüpfen ...«

»Stimmt«, antworte ich. »Aber nur eine Person hat es wirklich getan.«

Es verstrich keine halbe Stunde mehr, dann hatten wir die schändlichen Vorfälle restlos aufgeklärt und die Buchmesse ging wieder ihren gewohnten Lauf wie jedes Jahr.

Und nun bist du dran:

Wahr oder falsch?
Ist diese Geschichte wirklich in Wien passiert?
Und wer hat sich wodurch verraten?

LÖSUNGEN

Ein Loch in der Zeit?
Wahr. Der *Fall Hill* wurde weltberühmt. Betty und Barney Hill mussten immer wieder verschiedenste Untersuchungen über sich ergehen lassen.

Spiel des Schreckens
Falsch. Wilbur Santer hat immer nur von einem Computervirus gesprochen, niemals aber den Namen ›Killer‹ erwähnt. Trotzdem wusste Laura Kern, um welches Virus es sich handelte.

Die Erscheinung
Wahr. Die Mappe mit den Aussagen des Raumpflegers aus dem Weißen Haus existiert bis heute in den geschlossenen Akten des Falles JFK.

Der Spinnenmann
Wahr. Das Flying Squad wurde 1919 gegründet. Die Geschichte hat sich 1924 in London ereignet. Manche Polizisten nannten den Dieb aufgrund seiner Flinkheit ›Die Spinne‹.

Heiße Diamanten
Samantha hat gesagt, sie habe den Dieb weder gehört noch gesehen. Sie schrie jedoch, BEVOR die beiden Schüsse fielen. Das war ihr Fehler. Wer nichts bemerkt, hört und sieht, hat keinen Grund zum Schreien. Samantha hätte erst schreien dürfen, nachdem sie die Schüsse abgefeuert hatte.

Das Verhör
Wahr. Diese Geschichte trug sich im Jahre 1956 in Toronto, Kanada tatsächlich zu.

Der dritte Mann
Falsch - rein erfunden.
Viktor Barns behauptete, Mark Landau an seiner Gesichtsnarbe als Einbrecher erkannt zu haben. Das ist unmöglich, auf der DVD-Aufzeichnung tragen beide Diebe schwarze Wollmasken über dem Gesicht. Tom gab seinem Freund Jerry mit der Formulierung 'hinter der Wand im Schrank' einen versteckten Hinweis auf das gegenüberliegende Zimmer, das im anderen Hoteltrakt hinter der Feuerwand lag.

Nacht in Angst
Wahr. Diese unfassbare Geschichte ist tatsächlich passiert. In München, in der Wilhelmstraße 46 im Jahre 1976.

Plötzlich verschollen
Wahr. Tatsächlich ist die ›Staffel 19‹ im Jahre 1945 auf mysteriöse Weise im Bermuda-Dreieck auf immer und ewig verschollen - plötzlich wie aus dem Nichts.

Schnappt ihn!
Wahr. Diese Krankengeschichte hat sich 1961 in Frankfurt tatsächlich so ereignet.

Der blinde Seher
Falsch - frei erfunden. In der Wohnung des Bettlers brannte Licht und eine aufgeschlagene Zeitung lag auf dem Tisch. Ein Blinder braucht jedoch kein Licht und Zeitung liest er auch nicht. Demnach war der ›Blinde Seher‹ überhaupt nicht blind und konnte bei dem Überfall leicht den Komplizen geben.

Der Glückspilz
Marlene sagte, ein Brief aus der *heutigen* Post lag

auf Heiko Fellners Schreibtisch. Der 1. Mai aber ist ein Feiertag, da gibt es keine Post. Demnach musste sie Heiko den Brief schon vorher bei einem Bürobesuch zugeschoben haben. Vermutlich, weil Sie ahnte, wie betroffen er reagieren würde. Sie hoffte, so an den Direktionsposten von Heiko Fellner zu kommen.

Der grüne Mann
Wahr. Wissenschaftler schließen aus diesem Spukfall, dass jemand, der sich in einer unsicheren seelischen Situation befindet und sich an einem geschichtlich bedeutsamen Ort voll von Erinnerungen und Begebenheiten aufhält, mit einer Kraft oder Intelligenz außerhalb seiner selbst in Kontakt kommen kann.

Geisterbilder?
Falsch - frei erfunden. Ulla Stein wusste, dass der Räuber ein Fuchskostüm trug. Das hatte jedoch nie jemand erwähnt während der Befragung. Nur der Täter selbst konnte das wissen.

Haftungsausschluss
Sämtliche Ratschläge in diesem Buch wurden detailliert recherchiert, das Buch mit großer Sorgfalt erstellt. Dennoch können Fehler nicht gänzlich ausgeschlossen werden. Herausgeber und Autoren übernehmen für fehlerhafte Angaben sowie etwaige Folgen weder irgendeine Haftung noch juristische Verantwortung.

INHALT

I

Körpersprache lesen

Darum geht's:
Worte können lügen - dein Körper kann es nicht.
Seine Botschaften sind fast immer spontan und so-
mit klar. Aus den Bewegungen und Haltungen
kannst du heimliche Absichten herauslesen. Beob-
achte Menschen und ihre Bewegungen genau.
Die Körpersprache anderer Leute zu entschlüs-
seln, hilft bei Ermittlungen. Beobachte Menschen
genau und achte auf folgende Bewegungen.

Was dir Kopf und Hals verraten

• Nach vorn geschoben
Ich bin aufmerksam. Ich mag dich. Ich bin aggressiv.

• Nach hinten gezogen
Ich bin skeptisch, ich warte ab.

• Drehung zu dir her
Ich bin aufmerksam, höre genau zu.

• Drehung von dir weg
Ich bin unaufmerksam.

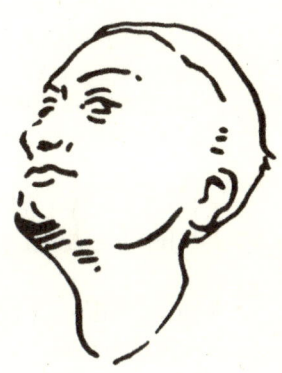

• Neigung nach rechts
Ich bin kritisch, prüfend.

• Neigung nach links
Ich bin unentschlossen, warte ab.

• Erhoben, Kinn vorgeschoben
Ich verachte dich, ich bin schlecht gelaunt.

Was dir Augen, Augenbrauen und Augenlider verraten

• Blick ins Leere
Ich bin gedanklich woanders.

• Blick nach unten
Ich konzentriere mich.

• Blick nach oben
Ich suche einen Ausweg, ich versuche mich zu erinnern.

• Blick geradeaus
Ich bin interessiert. Ich bin bereit.

• Augen zu einem Schlitz verengt
Ich hasse dich, traue dir nicht, will dich verletzen

• Kurzer Blickkontakt
Ich bin unsicher

• Langer Blickkontakt
Ich bin interessiert, zudringlich.

• Blickkontakt fehlt
Ich bin konzentriert, habe Angst, bin überheblich.

• Augenlider oft bewegt
Ich bin nervös.

• Augenlider weit geöffnet
Ich habe Angst.

• Augenbrauen zusammengekniffen
Ich bin zornig.

• Augenbrauen hochgezogen
Ich bin entsetzt, das glaube ich nicht.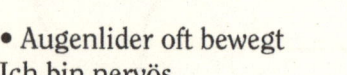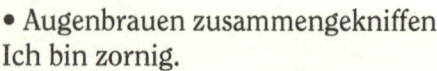

Was dir die Nase verrät

• Nasenflügel gebläht
Ich bin gereizt, zornig.

• Naserümpfen
Ich mag nicht, ich bin verlegen.

Was dir der Mund verrät

• Mund zittert und zuckt
Ich habe ein schlechtes Gewissen, ich bin nervös.

• Mund weit geöffnet, ohne Sprache
Oh Schreck! Oder: Ich freue mich.

• Beide Mundwinkel hochgezogen
Ich habe gute Laune. Ich freue mich.

• Ein Mundwinkel nach unten gezogen
Ich verachte dich.

Was dir die Lippen verraten

• Lippen zusammengepresst
Ich konzentriere mich. Ich bin schlecht gelaunt.

• Auf den Lippen kauen
Ich bin nervös. Ich zögere, ich denke nach.

• Unterlippe hochgezogen
Ich zweifle.

• Auf eine Lippe beißen
Ich habe Angst, ich bin schüchtern.

• Lippe mit der Zunge schnell befeuchten
Ich bin nervös, angespannt. Ich habe Stress.

• Zeigen (blecken) der Zähne
Ich rase vor Wut. Ich drohe dir.

• Zähne zusammenbeissen, Lippen zusammenpressen
Ich verkneife mir was.

• Zungenspitze an der Oberlippe
Ich konzentriere mich voll.

Was Füße im Stehen und Sitzen verraten
• Parallelstellung
 Ich bin aufmerksam.

• Nach innen gedreht
Ich bin unsicher.

• Nach außen gedreht
Ich bin selbstsicher.

• Auf der Außenkante
Ich bin nervös.

• Auf der Innenkante
Ich bin verkrampft.

Was dir die Hand verrät

• An das Kinn greifen
Ich denke nach.

• Das Kinn kratzen
Ich zweifle.

• Das Kinn reiben
Ich bin unsicher und denke nach.

• Ohren und Nase kratzen
Ich bin nervös.

• Sich an die Ohren greifen
Ich habe mich selbst ertappt.

• Die Ohren reiben
Ich bin verlegen.

• Sich an die Nase greifen
Ich bin verlegen, konzentriert.

• Sich die Nase reiben
Ich zweifle.

• Zeigefinger auf den Mund legen
Ich bin nachdenklich, verlegen.

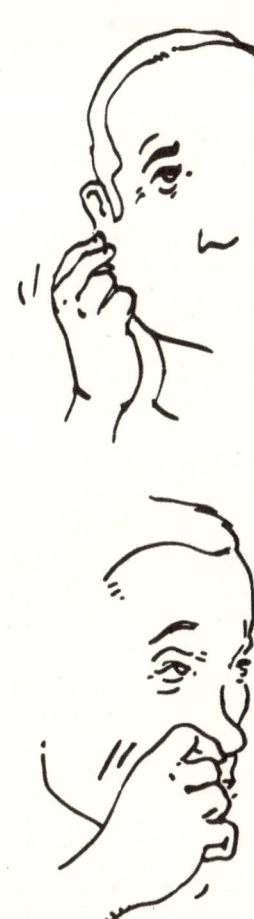

• Hand nach dem Sprechen auf den Mund legen
Ich habe mich verquatscht, will das Gesagte zurücknehmen.

• Hand während des Sprechens auf den Mund legen
Ich bin mir nicht sicher.

• Hand vor dem Sprechen auf den Mund legen
Ich bin nachdenklich.

Was dir der Gang verrät
• Rasches Tempo, fester Schritt
Ich verwirkliche meinen Plan.

• Hastig, mit kurzen Stolperschritten
Ich bin nervös, unruhig, angespannt.

• Ständiges Gewichtsverlagern
Ich flüchte jeden Moment.

• Kleine Schritte bei großen Menschen
Ich bin unsicher, zurückhaltend.

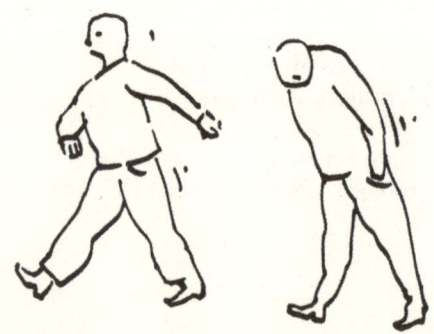

Gespielte Körpersprache erkennen

So entlarvst du Leute, die mit mit den Ausdrücken ihres Körpers „spielen", dich täuschen wollen:

• Sie übertreiben die Gesten meist, sind überfreundlich. Beobachte sie eine Zeit lang.

• Sie wirken gekünstelt, weil sie spielen. Du hast den Eindruck: An dem „stimmt" etwas nicht.

• Gestik und Mimik wirken abgehackt, unrund, weil man bewusst daran denkt.

• Oft passen Verhalten und Körpersprache nicht zusammen. Jemand grüßt dich mit festem, selbstsicherem Händedruck, hat aber zittrige Mundwinkel.

2

Tipps & Tricks
zur Selbstverteidigung

Beachte:
Die folgenden Tricks dienen nur zur Abwehr eines
Angriffs, nicht, um selbst anzugreifen.

Nasenstoß

1 Stoße dem Angreifer mit
deinem Handballen auf
die Nasenspitze – Tränen
schießen ihm in die Augen,
er sieht verschwommen.
Vielleicht hast du schon mal
einen Fußball ins Gesicht
bekommen, dann kennst du
diesen Schmerz.

2 Nutze diese „Blindheit" deines Gegners – lauf
davon.

Nasenstoß mit Zeitung oder Heft

1 Wenn die Reichweite des Gegners größer ist als deine,
rolle eine Zeitung oder ein Heft zusammen.
Stoße dem Angreifer die Zeitungsrolle vor die Nasenspitze.

Verteidigung gegen Fassen

1

2 Balle die Faust und drehe sie so, dass die Innenseite zu dir zeigt. Dadurch bringst du die Finger des Gegners nach oben – sein Griff ist offen, geschwächt. Jetzt reiße dich mit einem Ruck los.

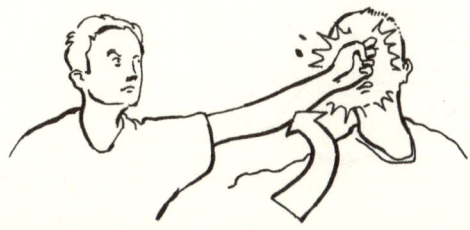

3 Schlage deinen Faustrücken ins Gesicht des Angreifers. Flüchte.

Dem Schwitzkasten entkommen

1 Schlage deinem Gegner die Faust zwischen die Beine.

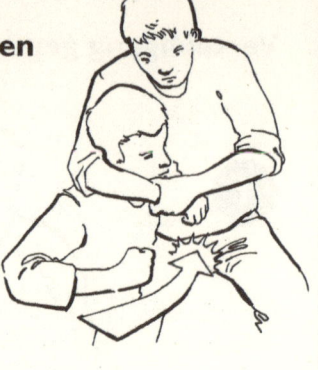

2 Bringe, falls nötig, noch den Nasenstoß an.

Verteidigung mit einem Buch

1 Du sitzt auf einer Parkbank und liest in einem Buch. Der Gegner steht vor dir und will dich angreifen.

2 Stoße das Buch von unten gegen die Nase des Angreifers.

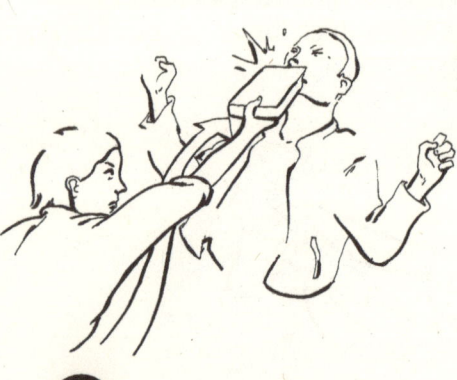

3 Dann schlage ihm deine Faust zwischen die Beine.

Verteidigung mit einem Kugelschreiber, Bleistift, ...

1 Der Angreifer um-
klammert dich von
hinten unter den
Armen, hat dich im
Schwitzkasten oder
würgt dich.

2 Stich den Kugel-
schreiber in den
Handrücken des
Gegners. Er löst
vor Schmerz seinen
Griff, dann fliehe.

Trick mit Spucken, Erde, Sand, einem Getränk...

1 Spucke deinem Gegner ins Auge, streue ihm Sand,
oder Erde hinein, schütte ihm ein Getränk ins Gesicht – für einen Moment sieht er nichts mehr.

2 Flüchte.

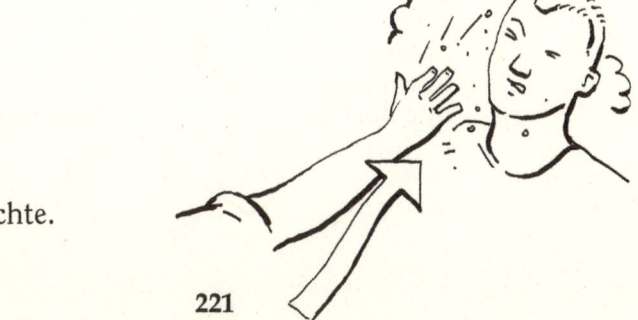

Fußtritte und Schläge abwehren

1 Kreuze deine Arme zu einem X.

2 Fange Tritte und Schläge mit dieser „Astgabel" ab und stoppe sie so.

Haare fassen (von vorne)

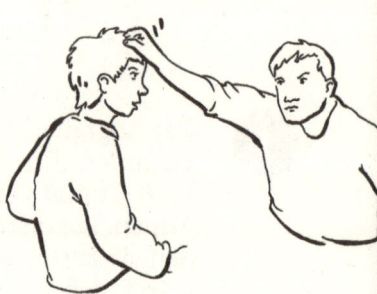

1 Der Angreifer erfasst deine Haare mit seiner rechten Hand.

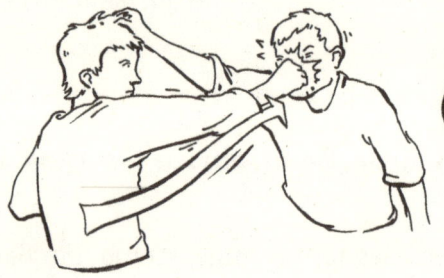

2 Stosse mit deinem rechten Handballen oder der Faust gegen die Nasenspitze des Gegners.

3 Schlage mit der Linken die Hand des Gegners nach innen weg und flüchte.

Haare fassen (von hinten)

1 Der Gegner erfasst deine Haare von hinten mit seiner rechten Hand.

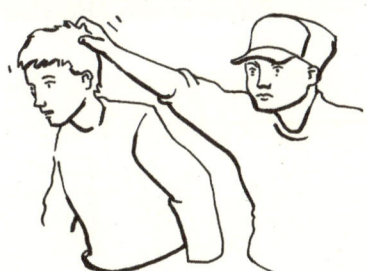

2 Steige mit deinem linken Fuß hinter den rechten des Gegners. Umfasse seinen Rücken mit dem linken Arm.

3 Schlage mit der rechten Faust zwischen die Beine des Gegners. Flüchte.

Fassen am Kleiderkragen oder Schal (von hinten)

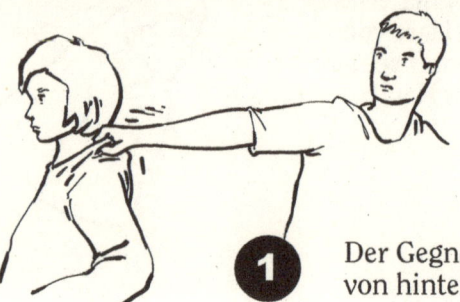

1 Der Gegner schnappt dich von hinten mit seiner rechten Hand am Kragen oder Schal.

2 Heb deinen linken Ellenbogen hoch, dreh dich über links ruckartig deinem Gegner zu (dabei wickeln sich seine Finger um den Kragen und können brechen!) und schlage mit dem Ellenbogen den Greifarm von dir weg.

3 Schlage mit der rechten Faust zwischen die Beine des Gegners. Flüchte.

Fasst der Angreifer mit der linken Hand zu, verteidige dich umgekehrt.

Umklammern von vorn
(unter deinen Armen)

1 Der Angreifer umklammert dich von vorn unter deinen Armen.

2 Packe mit beiden Händen die Ohren des Gegners und verdrehe sie ihm kräftig.

Umklammern von vorn (über deinen Armen)

1 Der Gegner umklammert dich von vorn über deinen Armen.

2 Ramme dem Angreifer dein Knie fest zwischen die Beine.

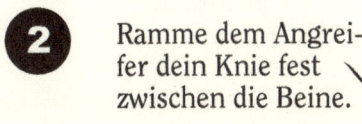

Umklammern von hinten

1 Der Angreifer um-
klammert dich von
hinten über deinen
Armen.

2 Tritt mit dem
Schuhabsatz auf den
Fuß des Gegners oder
schlage deinen Kopf
mit Wucht nach hin-
ten gegen seine Nase.

Umklammern von hinten (unter deinen Armen)

1 Der Angreifer umklammert dich von hinten unter
deinen Armen.

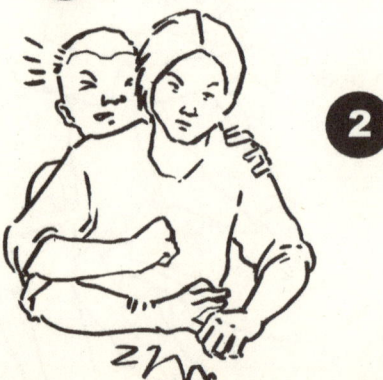

2 Pack den kleinen Finger des
Angreifers, biege ihn nach
hinten (er kann brechen!)
und drehe dich nach links
frei. Flüchte.

Würgen von vorn (beidhändig)

1 Der Angreifer würgt dich mit beiden Händen von vorn.

2 Schlage deine Arme von unten zwischen die Arme des Gegners. Das sprengt seinen Würgegriff.

3 Schlage deinen Handballen auf die Nase deines Gegners. Flüchte.

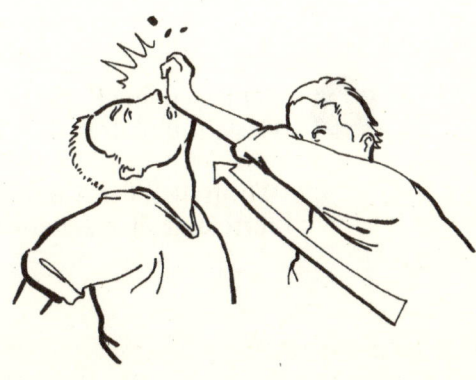

Würgen von hinten (mit dem Unterarm)

1 Der Angreifer würgt dich von hinten mit seinem rechten Unterarm.

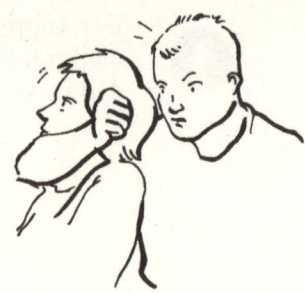

2 Packe mit der rechten Hand das rechte Armgelenk des Gegners und ziehe es nach unten.

Gleichzeitig schlage deine linke Faust zwischen die Beine des Angreifers.

3 Schlage deine Faust jetzt dem Gegner rückwärts ins Gesicht und dreh dich über rechts frei.

Würgt dich der Angreifer mit dem linken Unterarm, verteidige dich seitenverkehrt.

Würgen von hinten (beidhändig)

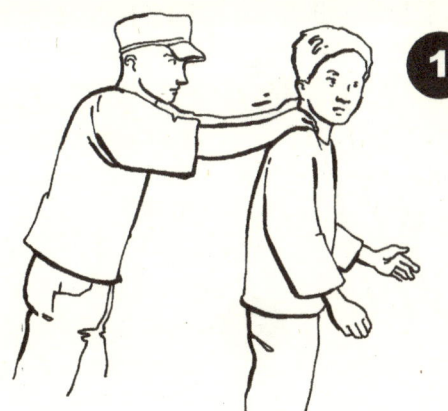

1 Der Gegner würgt dich mit beiden Händen von hinten.

2 Zieh die Schultern nach oben, das erschwert das Würgen. Hebe nun deine rechte Faust nach oben und schlage sie mit voller Wucht nach hinten zwischen die Beine des Gegners.

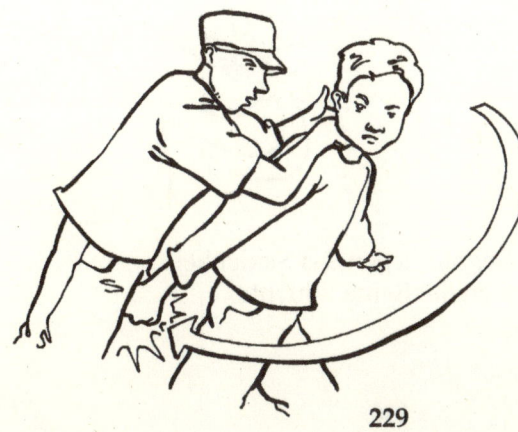

3 Dreh dich nach rechts, das löst den Würgegriff. Flüchte.

Schubsen von vorn (mit beiden Händen)

1 Der Gegner schubst dich mit beiden Händen von vorn.

2 Schlage die schubsenden Arme des Angreifers mit deinen Händen nach innen unten.

3 Bringe den Handballenstoß an. Flüchte.

Schubsen von hinten

1 Der Angreifer schubst dich von hinten.

2 Hebe deinen rechten Arm abgewinkelt an, dreh dich über rechts ruckartig nach hinten und fege dabei die angreifenden Arme zur Seite.

3 Tritt dem Gegner gegen das Schienbein oder zwischen die Beine. Flüchte.

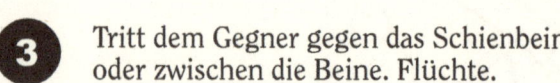

Tipps:

1 Glaubst du, verfolgt zu werden, dann dreh dich um. So siehst du, wer hinter dir ist und du kannst dich Auge in Auge besser verteidigen.

2 Sprich Menschen, die dir helfen sollen, direkt an: „Sie, mit der Brille, helfen Sie mir!" Allgemeine Hilferufe bringen kaum etwas, da viele Leute Angst haben, selbst zum Opfer zu werden.

3 Sprich den Angreifer immer mit „Sie" (Höflichkeitsform) an. Das hält ihn noch etwas auf Abstand.

4 Schock deinen Gegner, wenn er dich angreifen will. Das stört seine Körperfunktionen und du kannst besser einen Selbstverteidigungstrick anbringen.

So schockst du einen Angreifer:

- Schrei ihn an.
- Beiße ihn.
- Bespucke ihn.
- Wirf ihm einen Gegenstand ins Gesicht (Schlüssel, Zeitung, Buch, …)
- Rufe deinen Hund, auch wenn du keinen hast. („Arco, fass!")

5 Sind Menschen in der Nähe, schrei, lauf davon.

6 Bringe einen möglichst großen Abstand zwischen dich und den Angreifer.

7 Bringe ein Hindernis (Baum, Tisch, …) zwischen dich und den Angreifer, so gewinnst du Zeit, bis Hilfe naht oder der Gegner abhaut.

8 Bücke dich nicht nach einer Waffe, wenn der Gegner weniger als sechs Meter von dir entfernt ist. Er könnte dir rasch nahe kommen und ins Gesicht treten.

9 Ist keine Selbstverteidigung mehr möglich, weil dich der Gegner überwältigt hat, rede ruhig und besonnen mit ihm, gib ihm Geld, Schmuck, einfach alles, was er haben will. Atme ruhig, tue, als würdest du gehorchen und warte auf deine Chance, eine Verteidigungstechnik anbringen oder wegrennen zu können.

10 Die drei besten Verteidigungstechniken sind:

1. Weglaufen
2. Weglaufen
3. Weglaufen

Weglaufen ist Schlauheit, nicht Feigheit.

3
Fallen stellen

Beachte:
Stelle Fallen niemals aus Spaß auf. Tiere werden durch sie verletzt, Menschen können sich zu Tode erschrecken.

Die Bücherturm-Falle

Du brauchst:
Bücher

So geht's:
Staple deine Bücher unter dem Türgriff deiner Zimmertür zu einem Turm. Öffnet jemand die Tür, fällt der Bücherturm um, der Lärm weckt dich auf und erschreckt den Einbrecher.

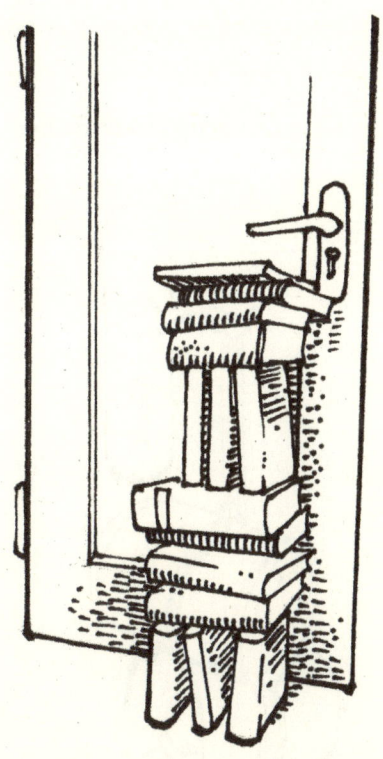

Die Knall-Schuss-Falle

Du brauchst:
Luftballon
Reißnagel
Klebeband

So geht's:
Drücke den Reißnagel durch das Klebeband und klebe ihn unten ans Türblatt. Klebe nun den aufgeblasenen Luftballon so an der Wand fest, dass er vom Reißnagel getroffen wird, wenn die Tür öffnet. Der Ballon knallt, wenn er platzt.

Die Dosengläser-Falle

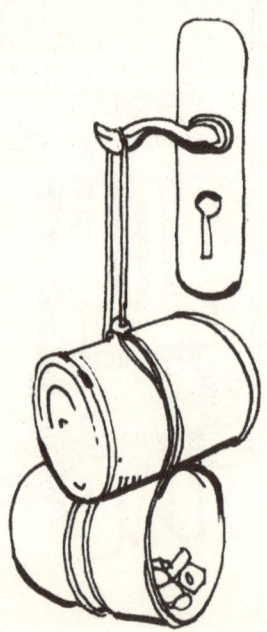

Du brauchst:
Leere Dosen, Gläser (mit Henkel, Kompott, Bohnen, oder dünne Sektgläser ...), Schnur

So geht's:
Binde Dosen an beide Enden der Schnur und hänge sie über das Ende der Türklinke. Drückt jemand die Klinke, rutscht die Schnur ab. Die Dosen klirren.

Die Schreckschuss-Mausefalle

Du brauchst:
Eine Mausefalle
Anglerschnur
Knallerbsen
Äste
Klebeband

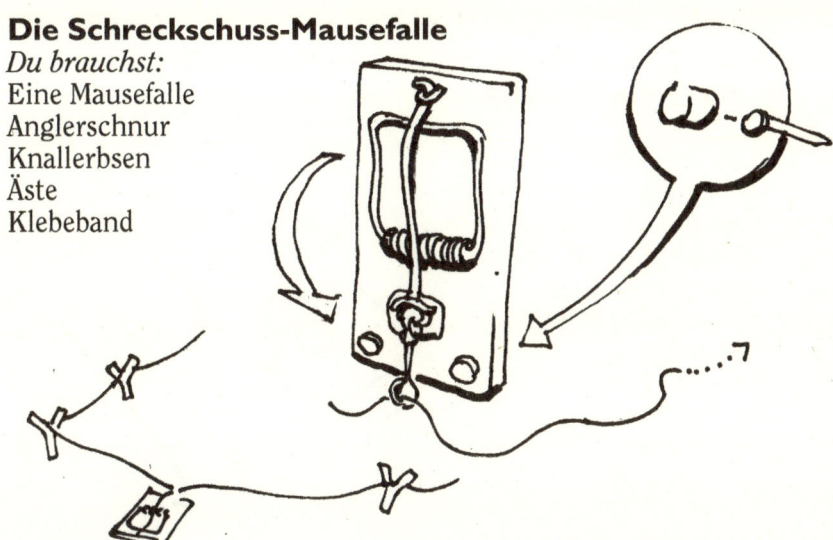

So geht's:
Klebe zwei Knallerbsen auf die Köderseite der Mausefalle.
Binde die Mausefalle an den Ast, spanne sie. Verbinde den
Spanner durch die Anglerschnur mit dünnen Ästen rund um
dein Lager. Bewegt jemand die Schnur, knallt es.

Die Fliegenfalle

Fliegen sind lästig.
Du fängst sie mit
Köder und einer
Plastikflasche.

Die Schreck-Falle

Du brauchst:
Dünne Angelschnur
(ist fast unsichtbar)
Einen Stapel Bücher
Ein dünnes Glas
(Sekt- oder Weinglas)
Klebeband

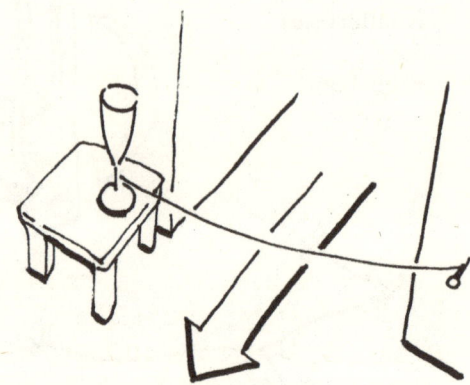

So geht's:
Binde die Anglerschnur um den Stiel des Glases.
Stelle das Glas auf den Bücherstapel. Spanne die Angelschnur
in Hüfthöhe über den Gehweg und befestige sie an der Wand.
Fällt das Glas, bricht es und verursacht Lärm.

4

Rettungszeichen und Signalsprachen

Darum geht's:
Signalisieren ist wichtig, wenn du dich verirrt hast oder ver-
letzt liegen geblieben bist und auf dich aufmerksam machen
musst, damit dich Suchtrupps finden.

Merke:
Aus der Ferne wirken Signale klein. Mach sie daher so groß
und grell wie möglich.

Sichtbare Signale tagsüber

Winken: Binde große Planen, Kleidungsstücke, ... an einen
langen Stock und winke. Am besten auf einem Hügel oder
einer freien, unbewachsenen Bodenfläche.
Rauch: Mach ein Feuer, das raucht. Verwende dazu nasses
Holz, Gras, Blätter, auch Gummi, Plastik.
Blinken: Blinke mit einem Spiegel, glänzenden Metallen, Glas
oder Alufolie.

Sichtbare Signale nachts

Große Feuer sind ideal. Am besten drei in einer Linie oder als
Dreieck (ein einzelnes Feuer könnte leicht für ein normales
Lagerfeuer gehalten werden).
Wichtig: Nimm trockenes Material, um es schnell entzünden
zu können, wenn Hilfe naht.
Taschenlampe: Mit ihr kannst du Morsezeichen (Buchstaben
und Wörter) blinken.

Hörbare Signale

Rufen, klopfen, trillern (Trillerpfeife), klatschen, platschen, …
Wichtig: Von erhöhten Punkten aus und mit dem Wind. Rufe
zweisilbige Wörter mit Selbstlauten (a, e, i, o, u): *Hiiilfeee!*
Feuueeer! Nutze die Hände als Schalltrichter, dein Rufen wird
so lauter.

Das Finger-ABC mit zwei Händen

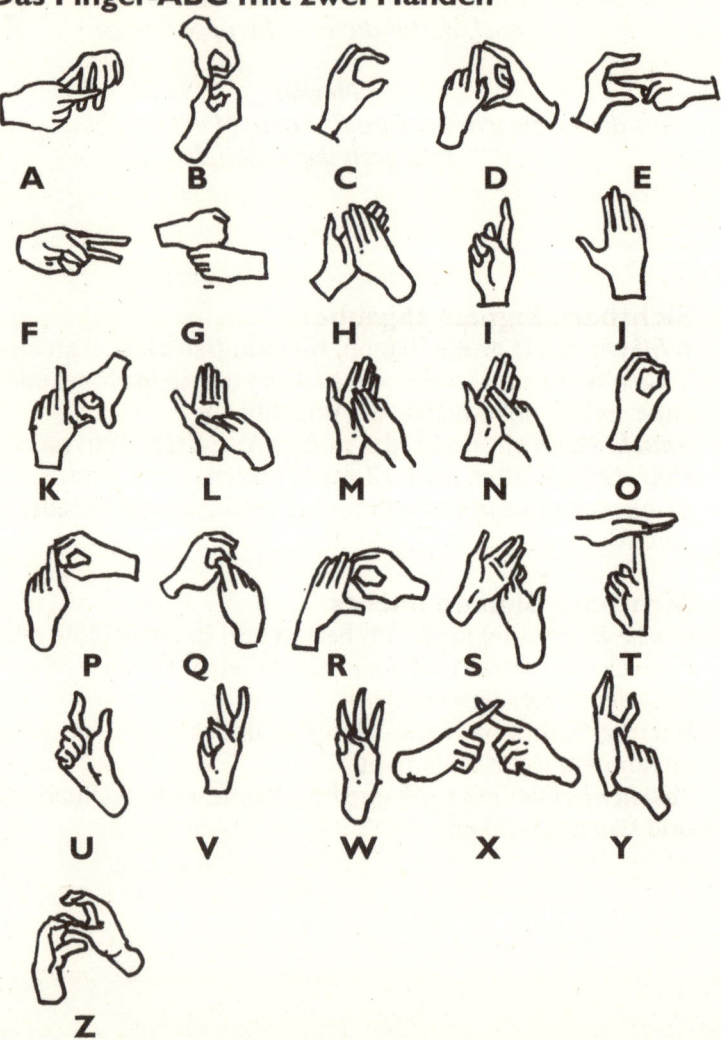

233

Internationaler Signalcode

Lege diese Zeichen mit Steinen so groß wie möglich, damit sie vom Flugzeug aus gesehen werden können.
Optimal ist eine Größe von 10 Metern.

Brauche Arzt	I
Brauche Medikamente	II
Komme nicht weiter	X
Brauche Wasser, Essen	F
Brauche Kompass und Karte	II
Brauche Richtung für Weitermarsch	K
Ich gehe in diese Richtung	>
Versuche Start	I >
Alles okay	LL
Ja (Yes)	Y
Nein (No)	N
Nicht verstanden	IL
Hilfe!	SOS!

Der Gebirgsrettungs-Code

Verirrst du dich in den Bergen (beim Wandern oder Skifahren), rufe, pfeife oder blinke folgende Signale:

SOS:
    3 x kurz (S) – 3 x lang (O) – 3 x kurz (S)
    (Ton, Ruf, Blinkzeichen)
Benötige schnell Hilfe!
    6 x hintereinander kurz
    (Ton, Ruf, Blinkzeichen)
Hab verstanden!
    3 x hintereinander kurz
    (Ton, Ruf, Blinkzeichen)

Das Morse-ABC

Blinke die Buchstaben und Texte mit der Taschenlampe, klopfe sie mit Gegenständen auf den Boden oder gegen andere Gegenstände oder klatsche sie.

A •–	I ••	R •–•	1 •––––
Ä •–•–	J •–––	S •••	2 ••–––
B –•••	K –•–	T –	3 •••––
C –•–•	L •–••	U ••–	4 ••••–
CH ––––	M ––	Ü ••––	5 •••••
D –••	N –•	V •••–	6 –••••
E •	O –––	W •––	7 ––•••
F ••–•	Ö –––•	X –••–	8 –––••
G ––•	P •––•	Y –•––	9 ––––•
H ••••	Q ––•–	Z ––••	0 –––––

Falsch, habe mich geirrt: ••••••••
Ende der Nachricht: •–•–•
Habe Verstanden: •••–•

Sprechende Steine

Steine werden in einer bestimmten Anordnung ausgelegt. Vereinbart ihre Bedeutung, z.B.:

geradeaus   links   rechts   umkehren

Vorsicht   Ende   Gefahr

Flaschenpost

Nimm eine Flasche oder eine aufgeblasene Plastiktüte.
Gib deine Botschaft in den Behälter, verschließe ihn luftdicht
und mach ihn durch farbige Bänder auffällig.

Tauchersprache

Nicht nur unter Wasser ist eine
Zeichensprache nützlich. Hier
einige Begriffe aus der Taucher-
sprache:

Nein!

Da!

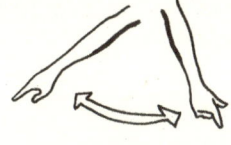

Ok, alles klar.

*Hier stimmt
was nicht!*

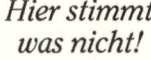

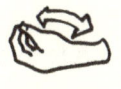

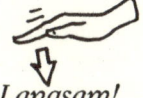

Nicht verstanden!

Langsam!

Hilfe, bin in Gefahr!

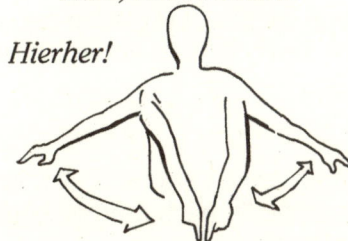

Hierher!

Festmachen!

Schnell!

Flüsternde Grashalme

geradeaus *links* *rechts* *Gefahr*

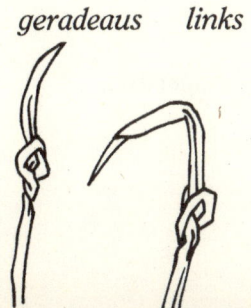

5

Tipps und Tricks zum schlauen Radfahren

Darum geht's:
Durch gekonnte Kurvenfahr- und Bremstechniken kannst du einen Verfolger per Fahrrad abschütteln.

Merke:
Nicht auf das Schnellfahren kommt es an, sondern auf das schnelle, aber sichere Bewältigen der Fahrtroute, um einen Sturz zu vermeiden.

Tricks zum richtigen Bremsen

Wenn du richtig bremst, kannst du hohe Geschwindigkeiten fahren, weil du dann jederzeit die Kontrolle über das Tempo hast.

1 Lass bei hohem Tempo vor dem Bremsen einige Pedaltritte aus und bringe die Pedalkurbeln in die waagerechte Position. Dadurch hast du besseren Halt am Rad.

2 Bremse mit ausgestreckten Armen und verlagere dabei dein Körpergewicht im Sattel nach hinten, damit das Rad nicht nach vorn kippt.

3 Schau beim Bremsen nach vorne, wohin du fährst.

4 Bremse nicht ruckartig (Sturzgefahr), sondern dauerhaft.

Die Bremshebel müssen für die Hände gut erreichbar sein. Die Bremsen müssen schon greifen, wenn die Hebel zur Hälfte gezogen sind. Die Vorderbremse wirkt stärker als die hintere.

5 Lass bei der Vorderbremse die Bremskraft gefühlvoll ansteigen.

6 Schalte nicht, während du bremst.

7 Trete beim Bremsen nicht die Pedale.

Bremsen vor Kurven

8 Bremse immer vor, nie in der Kurve (Sturzgefahr!).

9 Bist du zu schnell in eine Kurve gefahren, zupfe kurz an der Hinterbremse. Rutscht das Rad dabei weg, lass den Bremshebel sofort los und gehe mit deinem Körpergewicht mit dem Hinterrad mit.

10 Bremsen mit der Vorderbremse stellt das Rad auf (Sturzgefahr!). Setze die Vorderbremse nur ein, wenn du dich versteuert hast und das Rad in eine andere Richtung steuern willst.

Bremsen bei Nässe

11 Nässe verlängert den Bremsweg, weil die Brems-
klötze erst das Wasser auf der Felge verdrängen
müssen – bremse daher fester.

12 Halte das Rad beim Bremsen auf rutschigem Boden
so aufrecht wie möglich, sonst kann es seitlich wegrutschen (Sturzgefahr!)
Tipp: Trete rund und geschmeidig, nicht ruckartig.
So verbrauchst du weniger Kraft.

Tricks zum richtigen Kurvenfahren (allgemein)

Wenn du in Kurven richtig fährst, kannst du sie schneller
durchfahren.

1 Je mehr du dich in die Kurve legst, umso schwerer
ist sie zu durchfahren, weil das Rad dann schwie-
riger zu steuern ist (Sturzgefahr durch am Boden
streifende Pedale).

2 Am schnellsten durchfährst du
eine Kurve in einem weiten Bogen:
Fahre dazu eine Linkskurve am
rechten Straßenrand an, schneide
die Kurve nach links innen und
lass dich beim Ausfahren der Kurve
wieder auf die rechte Straßenseite
hinaustragen (bei einer Rechtskur-
ve fahre genau umgekehrt).
*Achtung: Wende die Technik nicht
auf befahrenen Straßen an –
Gegenverkehr!*

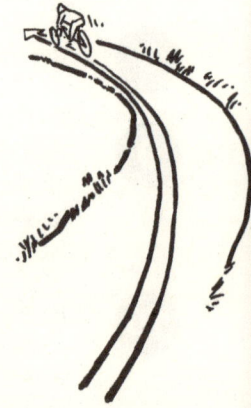

3 Halte den Kopf oben, um Gefahren wie Gegenverkehr wahrzunehmen. Blicke zum Kurvenausgang.

4 Stell das Pedal auf der Kurveninnenseite nach oben, damit es nicht am Boden streift. Verlagere dein Gewicht auf das untere, das kurvenäußere Pedal, das stabilisiert die Fahrt.

5 Halte die Hände locker am Bremsgriff, um jederzeit bremsen zu können.
Nimm vor der Kurve rechtzeitig etwas Tempo raus, musst du bremsen, verlierst du noch mehr Zeit.

6 In der Kurve halten beide Hände den Lenker fest, dadurch liegt dein Schwerpunkt tiefer und du kannst die Kurve schneller und sicherer durchfahren.

7 Schalte nie in der Kurve (Sturzgefahr). Schalte schon vor der Kurve einen Gang herunter, so kannst du aus der Kurve heraus schneller beschleunigen und verlierst keine Zeit durch das Schalten.

8 Biege in eine lang gezogene Kurve mit lockeren Pedaltritten ein, so hältst du das Gleichgewicht besser. Behalte in der Kurve das Tempo bei, tritt nicht fest in die Pedale, das Hinterrad könnte wegrutschen. Trete erst wieder in die Pedale, wenn das Rad nach der Kurve vollständig aufgerichtet ist. Das ist sicherer.

9 Übe in der Kurve immer Druck auf die Pedale aus, dadurch fährst du sicherer.

10 Bremse nicht in der Kurve. Bremsen verändert die Fahrlinie und bringt dadurch das Rad aus dem Gleichgewicht (Sturzgefahr).

11 Halte den Kopf oben, dadurch siehst du die Kurvenausfahrt und bleibst automatisch auf der optimalen Fahrlinie. *Tipp:* Man fährt immer dorthin, wohin man schaut.

12 Verlagere deinen Oberkörper in der Kurve immer zur Kurvenaußenseite, das drückt die Reifen fester auf die Straße und gibt mehr Halt.

Durch Kurven rutschen (im Gelände)

Die Technik, im Gelände durch Kurven zu rutschen und zu schlittern, ohne dabei viel Schwung zu verlieren, erfordert Übung.

Trainiere sie gut, sie ist ein toller Weg, eine Kurve schnell zu nehmen, denn mit schlitternden Reifen lassen sich Richtungswechsel schnell durchführen.

Dabei steuerst du die Fahrtrichtung mit Bewegungen des Oberkörpers, indem du das Rad in die jeweilige Fahrtrichtung neigst. Der Lenker übernimmt nur die Feinabstimmung.

1 Fahr mit leicht gebeugten Armen, richte die Augen auf die Fahrtstrecke.

2 Wähle schon bei der Anfahrt der Kurve den Gang für das Weiterfahren nach der Kurve.

3 Halte den Körper möglichst über dem Tretlager

4 Lege das Rad in die Kurve.

5 Verlagere den Körperschwerpunkt auf das Außenpedal (dabei sollte dein Oberkörper tief nach vorne gestreckt sein, um das Gewicht etwas auf das Vorderrad zu verlagern).

6 Bremse am Beginn der Kurve kurz, bis das Hinterrad blockiert und wegrutscht. Lass die Bremse genau dann los und fahre im weiten Bogen aus der Kurve.

7 Richte dich nach der Kurve wieder auf. Schiebe den Körperschwerpunkt wieder in die Mitte des Rades zurück. Tritt wieder in die Pedale.

Kurvenfahren bergab (im Gelände)

1 Bei Kurven in Abhängen versuchst du, den Schwung mitzunehmen und gleichzeitig noch die Kurve zu kriegen.

2 Lege dein Gewicht auf das Außenpedal (mit dem Innenfuß über dem Boden ist es leichter, das Gefälle zu meistern).

3 Beuge den Oberkörper leicht vor.

4 Zieh am Beginn der Kurve die Vorderbremse (aber nur so fest, dass das Vorderrad nicht blockiert; tut es das, lass die Bremse sofort los, sonst rutscht das Rad weg).

5 Strecke beim Bremsen die Arme und verlagere den Körperschwerpunkt nach hinten in den Sattel (um nicht über den Lenker abgeworfen zu werden).

6 Durchfahre die Kurve in möglichst weitem Bogen.

Tipp: Gras greift besser als Matsch. Fahre bei Regen daher am äußersten Rand eines Geländeweges.

Berge hochfahren

Bergauf geht einem schnell die Puste aus. Aber es gibt Tricks, die dich länger durchhalten lassen als andere.

1 Sitze hinten auf dem Sattel und umfasse den Lenker oder die Bremshebel mit ausgestreckten Armen – so bekommst du mehr Luft.

2 Führe jeden zweiten Pedaltritt mit etwas mehr Druck aus, das spart Kraft. Du kannst dabei mitzählen. Zum Beispiel: eins-zwei-drei, eins-zwei-drei …

3 Beginne eine Bergauffahrt nicht zu schnell, sonst geht dir rasch die Puste aus. Wähle ein Tempo, das du bis oben durchhalten kannst.

Schnelle Abfahrt

1 Achtung: Wähle dein Tempo nur so schnell, dass du nie die Kontrolle über das Rad verlierst. Abfahren ist gefährlich, da man eine Kurve leicht unterschätzt und zu schnell in sie hinein fährt (Sturzgefahr!).

2 Halte den Lenker fest umfasst, mit weit ausgestreckten Armen in der Nähe der Bremshebel, um jederzeit bremsen zu können.

3 Blicke immer nach vorne, um Hindernisse und Streckenverlauf rechtzeitig zu sehen.

4 Sitze weit hinten im Sattel, stell die Pedale auf gleiche Höhe, um holprige Fahrbahnen gut abfedern zu können.

5 Je kleiner du dich am Rad machst, desto weniger Luftwiderstand bietest du, dein Tempo steigt: Lege dazu deine Ellbogen eng an den Körper, winkle die Arme an und beuge dich vor, bis dein Kinn fast am Lenker aufliegt.

6 Schau nie auf den Tacho (Sturzgefahr!).

7 Zum leichten Bremsen richte einfach den Oberkörper auf.

(nur Klassenzimmer und jeder Schüler einen Stuhl)
- stundenplankonform
- Anreise mit eigenem PKW
- finanziell gefördert

Termin: jederzeit auf Anfrage
Dauer: 1 Schuleinheit/Lesung
Teilnehmer: rund 2 Klassen/Lesung
Preis: individuelle Lösung auf Anfrage

TOP:

Buchbar auch als Selle/Knauss-Doppelpack – 2 Autoren zum Preis von 1, doppelte Förderung möglich, mehr Zeit für Kinderfragen ... Details bitte anfragen, telefonisch ist diese Besonderheit leichter besprochen.

Mehr als ein Thriller

Mit Outdoor-Handbuch DRAUSSEN ALLEIN
ISBN 978-3-200-02129-7

Eine Mutprobe. Sechs junge Teenager. Und einer nach dem
anderen verschwindet spurlos im Wald-in-dem-es-immer-
wieder-passieren-soll.
Ron Perry ist entschlossen, das Geheimnis des mythischen
Waldes ans Licht zu holen.
Doch je später die Nacht, desto entsetzlicher die
Ereignisse …

237 Seiten Spannung pur! 10 +

Ein gefährlicher Auftrag

Mit Geheimbuch für Detektive & Sachwissen
ISBN 978-3-7074-0333-6

Ihr CodeName ist SAM. Sandra, Armin und Mario. Und sie
werden von der Detektei Lennert & Co oft da eingesetzt, wo
sie als unverdächtige Jugendliche brisante Informationen
beschaffen können.
Doch diesmal, in Zürich, läuft SAMs Auftrag gefährlich aus
dem Ruder …

210 Seiten Hochspannung! 9 +

Knifflig, rätselhaft, mysteriös. Du selbst ermittelst!

Der Maskenmann

Dunkle Geheimnisse für helle Köpfe.
ISBN 978-3-7074-0360-2

15 Ratekrimis mit Nachhilfe-Effekt Deutsch.
Wer ist der Maskenmann? Welches Geheimnis birgt der
Schlangenkopf?
Wer gehört zur Phantom-Bande? Wer nennt sich Spion X?

80 Seiten spannender Krimispaß mit
lustigen Deutsch-Rätseln. 8 +

Die Wahrheit über Derek Foster

Mit Outdoor-Handbuch DRAUSSEN ALLEIN
ISBN 978-3-944729-63-3

Derek Foster erhält von Albert Mendess eine verschlüsselte Botschaft. Kurz darauf ist der Biochemiker tot und Derek mit seiner Freundin Saskia auf der Flucht. Warum schreckt jemand selbst vor dem Schlimmsten nicht zurück, um an die Ergebnisse der Biomat 79-Forschung zu gelangen, an der Derek mitarbeitete? Als Derek und Saskia die wahren Zusammenhänge begreifen, haben ihre Jäger sie bereits aufgespürt.

450 Seiten Spannung pur! 10 +

Die Körperwelt entdecken

Vorsprung durch Wissen, zeitreisend die Welt erforschen. Mit Unterrichtsmaterial, Forscher-Quiz, Wissens-Rätsel, Interaktiven Illustrationen, Bilderwörterbuch Englisch, Experiment zum Selbermachen …
ISBN 978-3-944-729-381

Tom und Lena entdecken eine Zeitreisemaschine: den Time-Twister. Neugierig folgen sie den Aufzeichnungen eines alten Tagebuches. Und plötzlich befinden sich Tom und Lena nicht mehr da, wo sie gerade noch waren – ohne zu ahnen, dass sie längst Teil eines geheimen Abenteuers sind …

145 Seiten Abenteuer pur! 8 +

Geheimnisvolle Tierwelt

Vorsprung durch Wissen, zeitreisend die Welt erforschen. Mit Unterrichtsmaterial, Forscher-Quiz, Wissens-Rätsel, Interaktiven Illustrationen, Bilderwörterbuch Englisch, Experiment zum Selbermachen …
ISBN 978-3-944-729-398

Unfassbar! Tom und Lena befinden sich von einer Sekunde auf die andere nicht mehr da, wo sie gerade noch waren. Plötzlich hören sie unbekannte Geräusche und dichter Urwald umzingelt sie. Ist dieser Ort gefährlich? Noch während die beiden das überlegen, flüchten sie schon vor Riesenkuglern, Schlangen und Giftskorpionen. Doch das ist erst der Beginn von geheimnisvollen Entdeckungen auf Madagaskar, der Insel der Rätseltiere …

130 Seiten Nervenkitzel! 8 +

Knifflig, rätselhaft, mysteriös. Du selbst ermittelst!

Wir suchten das aufregende Leben – und bekamen es!

Lustiges Zeitreiseabenteuer mit geschichtlichen Wissensseiten
ISBN 978-3-7074-1664-0

Herr Bogomil, ein ausgesetzter Straßenkater, und Mister Pum-
buli, ein getürmter Mäuserich, sind beste Freunde, führen aber
ein langweiliges Leben. Das ändert sich, als ihnen der Magier
Mystifax ein scheinbar harmloses Geschenk macht. Wie aus einem Albtraum wachen sie im Land der Pharaonen auf – bei Howard Carter, der den Kind-Pharao Tutanchamun sucht …
77 Seiten Lachen und Geschichte pur! 6 +

Eine Lesenacht in der Schule wird zur lustigen Mutprobe

Lustiges Freundschaftsabenteuer mit Spieleseiten im Buch
ISBN 978-3-7074-1812-5

Tom und Tina liebe Computerspiele – für die beiden gibt es nichts
Spannenderes. Aber ist spielen mit Freunden, draußen in der Natur,
nicht viel aufregender? Eine Wette beginnt – im Monsterlabyrinth.

43 Seiten Lachen und aktiv Rätseln! 7 +

Eine Nacht im Museum
wird zum Albtraum

3 in 1: Krimi + Geschichte der Malerei + Survival-Handbuch
ISBN 978-3-958691-681

Luke, Dex und Skipper, das X-Team, sollen im Kunsthistorischen Muse-
um in Wien „Schätze der Menschheit", die wertvollste Gemäldeausstel-
lung aller Zeiten verdeckt im Auge behalten. Als eine Gruppe skrupelloser
Diebe in das Gebäude eindringt, wird schon die Nacht vor der Eröffnung
zum schlimmsten Albtraum …

340 Seiten hochexplosive Spannung mit Kunstgeschichte! 9 +